DAILY
法学選書

事業者必携！

特定商取引法と消費者取引の法律知識

デイリー法学選書編修委員会［編］

三省堂

はじめに

　日常生活の中で企業（事業者）から消費者が商品やサービスを購入するとき、トラブルが発生する場合があります。多くは、消費者と事業者との間にある格差により引き起こされるといってよいでしょう。両者の間には、商品やサービスに関する情報格差があり、交渉力においても格差があります。この格差のため、消費者が不利な契約を締結することになり、大きな損害を被るという事態が生じるわけです。

　一般に「消費者法」と総称される法律（消費者契約法、特定商取引法、割賦販売法など）は、このような消費者と事業者との間にあるさまざまな格差を解消し、消費者の利益を保護することを目的としています。消費者法は、私たち消費者の日常生活に最も密着した法律のひとつであると同時に、消費者に商品やサービスを提供することで経済活動を行っている事業者にとっても重要な法律です。

　ところが、消費者法は、「非常にわかりにくい」という難点があります。実際に特定商取引法や割賦販売法の条文を見てみると、一つひとつが長文であり、意味内容を読み解くのは容易なことではありません。

　本書は、このような問題点をふまえ、おもに事業者の目線から、契約の基本ルール、消費者契約法、特定商取引法、割賦販売法など、知っておかなければならない法律について、ポイントを絞ったわかりやすい解説を心がけています。平成30年の消費者契約法改正、令和2年4月施行の改正民法といった最新の改正にも対応しています。

　また、さまざまな法律に規定されているクーリング・オフ制度や通知書面の書き方、景品表示法、リコールなど関連知識も充実しています。

　本書を広く、皆様のお役に立てていただければ幸いです。

デイリー法学選書編修委員会

Contents

第3章　特定商取引法のしくみ

第4章　割賦販売法のしくみ

第5章　その他の法律問題とトラブル解決の手段

第1章

契約の一般ルールと
消費者保護の法律

1 事業者を規制する消費者関係の法律

どんな法律があるのか

消費者問題とは、私たちが日常生活において、さまざまな商品を購入したり、サービスの提供を受けたりする中で生じる法律問題を広くとらえた概念です。事業者が「生産」した商品・サービスについて、消費者が「消費」する、という構造を持っているのが特徴です。消費者問題では、消費者に比べて資力や商品・サービスに対する情報量などの面で、事業者が優位に立っており、双方が対等な関係であるとはいえません。そこで、自由な経済活動を保障しつつも、不均衡である当事者の権利・利益を調和させるための法制度が必要になり、消費者法が制定されました。消費者と事業者との関係については、基本的に民法や商法などの規定が適用されますが、両者の不均衡を是正するには不十分であることも否めません。そこで、以下で挙げるような法律が、おもに消費者を保護する目的で規定されています。

消費者契約法・特定商取引法・割賦販売法

消費者の日常生活に密接に関連する消費者法にあたる法律として、消費者契約法・特定商取引法・割賦販売法を挙げることができます。これらを消費者三法と呼ぶこともあります。

消費者契約法は、事業者と消費者との間で、商品やサービスに関する情報などの面での格差が存在することを前提に、対等な当事者間の契約関係を念頭に規定を置いている民法などの原則に修正を加えています。消費者を保護するため、契約条項の効力を否定したり、契約自体を取り消したりできる場合もあります。

特定商取引法は、訪問販売をはじめ、消費者が被害を受けることの

● 事業者を規制するおもな法律 ……………………………………

民法・商法などの規制 ⇒ 消費者保護として
不十分

【消費者契約】

 商品やサービスに関する情報が事業者に偏っている

消費者　　　　　　　　　　　　　　　　　　　　　　　　　事業者

〈事業者を規制するおもな消費者法〉

- 消費者契約法により、一定の場合に契約条項の否定や契約自体の取消しが可能
- 特定商取引法により、訪問販売や連鎖販売取引（マルチ商法）など、消費者が被害を受けることの多い取引類型についてのルールが整備されている
- 割賦販売法により、分割払いやクレジットカードなどによる取引における事業者が従うべきルールが整備されている
- 消費者安全法により、消費者庁による、消費者被害に関する情報の集約・分析・公表などについての手続きが規定されている
- 消費生活用製品安全法・製造物責任法などにより、消費者にとって危険な製品の販売規制・損害賠償などが図られる
- 金融商品販売法により、金融商品を取り扱う事業者に対して、金融商品の勧誘・販売の際に従うべきルールが規定されている
- 個人情報保護法により、個人情報を取り扱う事業者に対して、個人情報の適切な管理・活用に関するルールが整備されている

多い取引類型について規制する法律です。一定の期間内であれば無条件で消費者が契約を解除できるクーリング・オフ制度などを設けて、消費者保護を図っています。

　割賦販売法は、分割払いやクレジットカード払いなどによる取引について、事業者が従うべきルールを規定する法律です。

▌消費者安全法と消費者庁

　消費者問題を一元的に管理し、事業者に対する改善措置などをすみやかにとるために設けられた組織が消費者庁です。おもな権限として、①消費者が被害を受けたケースなどに関する情報の一元的な集約・分析・公表、②消費者の被害発生を防止するための司令塔的役割、③消

費者法にあたる法律の所管（管理）などが挙げられます。

　消費者庁が所管する法律のひとつとして制定されているのが消費者安全法です。消費者安全法には、消費者の生命・身体・財産に対する被害などの消費者事故に関する情報を一元的に集約し、その情報を適切に公表するための手続きが規定されています。国の行政機関や地方公共団体の長（都道府県知事や市町村長）は、消費者に対して重大な被害が発生するか、そのおそれがある情報を把握した際に、内閣総理大臣を通じて消費者庁に通知する義務があります。

消費生活用製品安全法

　消費生活用製品安全法は、消費者の生命・身体の安全を保護する必要性が高い場合に、一定の製品の製造・販売を規制したり、保守点検を義務づけたりすることを目的とする法律です。

　原則として、消費者が日常生活で用いるすべての製品が適用対象に含まれます。とくに消費者の生命・身体に対して危害を及ぼすおそれが多い製品については、国が定めた技術上の基準を満たし、その基準を満たすことを証明する「PSC マーク」を表示して販売することが義務づけられています。その他、屋内式ガス瞬間湯沸器や石油給湯器など、製品の長期使用に伴う劣化がおもな原因となる死亡事故などの重大事故が発生している製品（特定保守製品）については、長期使用製品安全点検や表示制度が設けられています。

製造物責任法

　製造物責任法は「Product Liability」（製造物責任）の頭文字をとって PL 法と呼ばれており、事業者の製造物責任を規定した法律です。製造物責任とは、電化製品や加工食品などの製造物（製造・加工された動産のことを指します）によって、消費者の生命・身体・財産に対する損害が発生した場合の損害賠償責任のことです。

製造物が原因で消費者に被害が生じた場合、事業者に対して損害賠償責任を追及するには、通常は事業者の債務不履行あるいは不法行為を根拠とすることになります。たとえば、不法行為を根拠とする場合、消費者が事業者の不法行為に基づく損害賠償責任を追及するためには、製造過程などにおける事業者の故意・過失を立証しなければなりません。そこで、製造物責任法では、事業者に対して製造物責任を追及する場合は、事業者の故意・過失の有無を問わない（無過失責任）とすることで、消費者が被害回復をしやすくしています。

金融商品販売法

　金融商品販売法は、預貯金・保険・株式・投資信託をはじめとする金融商品を扱う事業者に対して、消費者に金融商品を勧誘・販売する際に従うべきルールを定めた法律です。金融商品販売法は金融庁が所管しています。事業者は、金融商品を販売するに際に、消費者に対して、元本欠損など経済的損失を受ける危険性や、権利行使期間の制限など取引内容に関する重要事項を説明する義務を負います。さらに、事業者に対して、金融商品を消費者に勧誘する際の方針を策定・公表する義務を課しています。

個人情報保護法

　個人情報保護法は、個人情報を扱う事業者に対して、個人情報の適切な管理と有効活用のためのルールを定めた法律です。個人情報とは、氏名や生年月日などによって、特定の生存する個人を識別できる情報を指すのが原則です。個人情報を取り扱う事業者は、その件数を問わず、個人情報保護法の適用を受け、個人情報の取得・利用に際しては利用目的を特定しなければなりません。その他、事業者が第三者に対して個人情報を提供する際のルールも規定されています。

2 契約自由の原則と例外

契約の自由が認められない場合もある

　わが国では、当事者間で自由に契約を締結することが認められています。これを契約自由の原則といい、具体的には、①締結の自由、②相手方選択の自由、③方式の自由、④内容の自由という4つの自由が認められています（次ページ表）。

　しかし、国民が健全な社会生活を送る上で妥当性（社会的妥当性）を欠くといえる場合に、上記の契約自由の原則を認めるわけにはいきません。この社会的妥当性の内容を条文という形で具体化したものを強行規定といい、さまざま法律の中に存在します。

　この強行規定は、国民が健全な社会生活を送る上で必要とされる規定ですので、契約当事者の意思でこの規定に反する取決めをしても認められません。

　たとえば、医師法は、正当な理由がない限り、医師は患者からの診療依頼を拒否できないとしています。つまり、患者の生命・健康を守る観点から、診療契約の締結が強制されています。また、電気事業法は、電気事業者に対し、供給域内における供給の申込みには原則応じる義務を課しています。つまり、電気は社会生活を送る上で必要不可欠なので、電気の供給相手を選択できないようにしています。このほか、民法は、保証人保護の観点から、保証契約を書面（あるいはPC上のデータなどの電磁的記録）によることを義務づけています。そして、消費者契約法は、消費者保護の観点から、たとえ当事者間で合意しても、債務不履行による事業者の損害賠償責任の全部を免除する内容の契約条項は無効と規定しています（P.54）。

● 契約自由の原則と例外 ‥‥‥‥‥‥‥‥‥‥‥‥‥‥‥‥‥‥‥‥‥‥

契約自由の原則		契約自由の例外
①契約締結の自由	契約を締結するか否かの自由	医師は原則的に診療を拒否できない
②相手方選択の自由	契約を締結する相手方を任意に選択できる自由	電気事業者は、原則的に電気の供給相手を選択できない
③方式の自由	契約を口約束でも書面でも結ぶことができる自由	保証契約は書面（もしくは電磁的記録）でしないと無効
④内容の自由	いかなる内容の契約も結ぶことができる自由	事業者の債務不履行による損害賠償責任を全部免除する条項は無効

▎無効と取消しは違う

　契約の効力が否定される場合、その契約が無効であるのか、取消しができるものであるのか、という違いに注意する必要があります。無効とは、誰かが主張するまでもなく、はじめから契約の効力が認められない場合です。無効な契約は、たとえ当事者でも有効な契約として扱うこと（追認）ができません。

　これに対して、取消しとは、法律が認めている特定の人（取消権者）が取消しを主張することで、契約締結時にさかのぼって、その契約の効力が否定される場合です。無効な契約とは異なり、取消しができる契約の場合は、取消しの主張をする前に、取消権者が有効な契約であると扱うこと（追認）が認められています。

　また、無効な契約は、いつでも無効を主張できるのに対し、取消しができる契約は、原則として追認が可能な時から5年間のうちに取消しの主張を行わないと、その権利が消滅してしまいます。

　なお、無効には、契約それ自体を無効とする場合と、契約のうち特定の条項を無効とする場合があります。たとえば、消費者契約法が規

定する不当条項規制（⇨ P.52）は、消費者契約のうち消費者に不利な特定の条項を無効とする場合です。

無効や取消しと似て非なる制度としての解除

契約に無効や取消しとなる原因が存在しなくても、解除によって契約の効力を否定できる場合があります。解除とは、契約の相手方に対して、契約関係を終了させる一方的な意思表示を行うことです。とくに法律の規定に基づいて行う解除を法定解除といいます。たとえば、民法の規定では、契約上の義務を負う者（債務者）が、自らの義務を怠った場合（債務不履行）に、契約上の権利を持っている者（債権者）が、契約の解除を行うことを認めています。

解除した場合はどんな効果が生じるか

契約の解除が行われると、契約締結時にさかのぼって、その契約が存在しなかったことになります。したがって、契約が存在しない状態に戻すため、引渡しを受けた物や金銭がある場合には、相手方に返還しなければなりません。これを原状回復義務といいます。たとえば、商品の売買契約において、事業者が消費者に商品を引き渡したにもかかわらず、消費者が代金を支払わない（債務不履行）ことを理由に事業者が売買契約を解除した場合、消費者は、引渡しを受けた商品を事業者に返還しなければなりません。

なお、同じ「解除」であっても、契約が将来に向かってのみ存在しないものと扱われる場合があります。これを解約（あるいは告知）と呼ぶことがあります。たとえば、賃貸借契約の解除は、契約締結時にさかのぼってその契約の効力を否定すると、賃貸人が受領済みの賃料を賃借人に返還しなければならなくなるなど、あまりに不都合が大きいといえます。そこで、賃貸借契約を解除した場合には、その効果が将来に向かってのみ発生することにしています。

● 契約の無効・取消し・解除・クーリング・オフ ……………

契約の効力を否定する制度	具体的な内容など
無　効	誰かが主張するまでもなく、はじめから契約の効力が認められない場合
取消し	法律が認めている特定の人（取消権者）が主張することで、契約締結時にさかのぼって、契約の効力が否定される場合
解　除	当事者の一方が相手方に対して、契約を終了するという意思表示を行う場合 ⇒契約締結時にさかのぼって契約の効力が否定される ⇒引渡しを受けた物や金銭がある場合には、相手方への返還が必要になる（原状回復義務）
クーリング・オフ	一定期間内に限り、消費者の意思表示により、法律が規定する一定の契約の効力を否定することができる ⇒事業者に債務不履行がなくても、消費者に対して契約を白紙に戻すことを認めている

クーリング・オフも解除の一種である

　特定商取引法などの法律において規定されているクーリング・オフは、消費者の意思表示によって、一定の契約の効力を否定することができる制度です。クーリング・オフは、契約の申込みの時点で行使する場合は「撤回」ですが、契約締結後に行使する場合は「解除」です。そのため、契約締結後にクーリング・オフをした場合の効果は、前述した解除の効果と同じといえます。

　ただし、クーリング・オフは、消費者保護の目的から、事業者の側に債務不履行がなくても、一方的に消費者が契約を白紙に戻すことを認めている点で、通常の解除と区別されています。

Q 定型約款とはどんな取引で利用されるものなのでしょうか。当事者が事前に合意をすれば、定型約款が契約内容として認められるのでしょうか。

 不特定多数の者との間の画一的な取引で利用され、消費者との間で、そのような取引をすることの合意（定型取引合意）などが必要になります。

令和2年施行の改正民法において、定型取引とは「ある特定の者が不特定多数の者を相手方として行う取引であって、その内容の全部又は一部が画一的であることがその双方にとって合理的なもの」と定義されており、定型約款とは「定型取引において、契約の内容とすることを目的としてその特定の者により準備された条項の総体」と定義されています（548条の2第1項）。

たとえば、大量の商品を扱う事業者（特定の者）が、その商品を消費者（不特定多数の者）に対して販売する場合、個別に契約内容について消費者との合意が必要だとすれば、商品を迅速に販売できず、事業に支障を及ぼすおそれがあると同時に、消費者も商品を手軽に手に入れることが難しくなります。そのため、この場合の取引は、双方にとって取引内容を画一化させることに合理性があるので、定型取引にあたると考えられます。このような定型取引において、事業者があらかじめ準備した取引約款や取引規約などが定型約款にあたります。

そして、定型取引にあたる契約の当事者が、定型取引を行うことについて合意した場合（定型取引合意）には、①定型約款を契約内容とする合意をしていたか、②定型約款を準備した者があらかじめ定型約款を契約内容とすることを相手方に表示していれば、定型約款の個別の条項についても合意があったものと扱われます。

定型約款とは

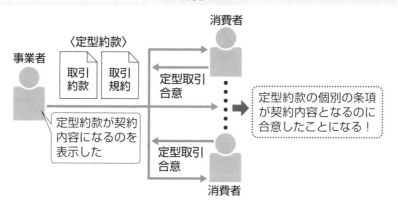

たとえば、前述の例において、事業者と消費者との間で、定型取引である商品の販売について合意した場合（定型取引合意）には、①あるいは②を条件として、事業者が準備していた定型約款が契約内容になります。定型約款が契約内容となることに合意していなくても、②の条件によって定型約款が契約内容になる余地がある点に注意が必要です。ただし、定型約款に記載されている条項が、不当に相手方の権利を制限したり、義務を加重したりするなど、相手方の利益を一方的に害する内容である場合には、そのような不当条項が契約内容になることを相手方が合意しなかったものと扱われます。その結果、不当条項は契約内容に含まれないことになります。また、定型約款の作成者が定型約款の内容を変更する際には、変更の事実やその内容について、インターネットなどを通じて周知させる義務を負います。

なお、不当条項規制は、消費者契約法にも存在します。しかし、消費者契約法上の不当条項規制が事業者と消費者との間の契約（消費者契約）だけに適用されるのに対し、民法が規定する不当条項に対する規制は、事業者同士の契約や、消費者同士の契約にも適用される点で違いが見られます。

3 電子商取引

電子商取引とは

電子商取引とは、おもにインターネットを活用して当事者が情報を交換することによって、商品の売買などの取引を行うことです。契約の成立から当事者の義務履行までを見て、契約の主要な部分にインターネットなどが活用されていれば、電子商取引に該当します。今日ではICT（情報通信技術）の発展が目覚ましく、取引のほぼすべてがネット上で完結するケースもあります。たとえば、事業者がインターネット上で、広告をクリックすると商品の購入画面に移る方式によって、商品の宣伝広告を掲載しているとします（申込みの誘引）。これに対して、消費者が広告をクリックして、商品の購入画面から購入の申込みを行い、事業者が購入の承諾を行うと、商品の売買契約が成立します。消費者が代金の支払方法としてクレジットカードやインターネットバンキングなどを利用すると、インターネット上で決済まで完了することになります。

その後、事業者は商品を消費者の自宅などに送付しますが、このような取引では、契約の成立から決済までがネット上で完結することが多いため、事業者・消費者双方にとって時間的・経済的に効率的だといえます。しかし、事業者と消費者とが対面せずに取引を行うことができるため、消費者は電子商取引特有のトラブルに巻き込まれる可能性があります。たとえば、悪意をもった第三者が、消費者のIDとパスワードを盗み出し、その消費者のフリをして電子商取引を行う「なりすまし」による被害が挙げられます。

通常の契約との違い

電子商取引による場合は、申込みに対する承諾の通知が到達した時

● 電子商取引とは

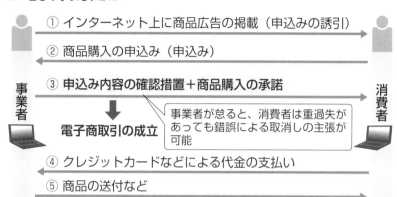

① インターネット上に商品広告の掲載（申込みの誘引）

② 商品購入の申込み（申込み）

③ 申込み内容の確認措置＋商品購入の承諾

電子商取引の成立

事業者が怠ると、消費者は重過失があっても錯誤による取消しの主張が可能

④ クレジットカードなどによる代金の支払い

⑤ 商品の送付など

事業者　消費者

点で契約が成立します。以前は、通常の契約が承諾の通知を発信した時点で契約が成立するとされ、電子商取引が例外と位置づけられていました。しかし、令和2年施行の改正民法により、通常の契約について承諾の通知が到達した時点で契約が成立すると変更されたことから、通常の契約と電子商取引との違いがなくなりました。

電子商取引については、通常の契約に対する例外が認められている場合があります。具体的には、インターネット上の操作ミスに関する錯誤（勘違い）の主張に関する特例が挙げられます。通常の契約では、消費者に重大な落ち度がある場合（重過失）には、原則として錯誤に基づく契約の取消しの主張ができません。しかし、電子商取引では、電子契約法により、消費者がインターネット上で契約の申込みを行う際に、事業者に対して申込み内容の確認を行うことができる措置をとることを義務づけています。事業者がこの措置を怠った場合には、仮に消費者が重過失により錯誤に陥ったとしても、消費者が契約の取消しを主張することが認められています。

このように、消費者が意図しない電子商取引に巻き込まれないように、事業者は、インターネット上の画面などにわかりやすい表示を行うなど、消費者を配慮した措置を取ることが求められます。

錯誤・詐欺・強迫による取消しと第三者

　消費者契約に関する意思表示の効果をくつがえす方法として、消費者は、本文に記載した消費者取消権（⇨P.30）の他にも、民法上の錯誤・詐欺・強迫に基づく取消しをすることができます。

　錯誤とは、相手方に示した内容（表示）と、実際に考えていた内容（意思）との間に食い違いが生じているのを、意思表示を行った者が気づいていない場合をいいます。簡単に言うと「勘違い」のことです。たとえば、「1000円でA商品を購入する」と考えていたにもかかわらず、相手方に「10000円でA商品を購入する」と示してしまう場合です。詐欺とは、だまされて意思表示を行うことです。強迫とは、強要されて意思表示を行うことです。民法は、錯誤・詐欺・強迫に基づいて意思表示を行った者に対して、その意思表示の取消しをすることを認めています。

　もっとも、消費者取消権の場合と同様に、意思表示の取消しの主張が認められない場合があります。それは第三者が関与している場合です。錯誤と詐欺に関しては、消費者取消権と同様に、善意（知らない）かつ無過失（落ち度がない）第三者に対して、意思表示の取消しを主張することができません。具体的には、意思表示を行った者が、錯誤や詐欺に基づく取消しを主張する前に取引関係に入っている第三者が、錯誤や詐欺が行われたことを知らず（善意）、知らないことについて過失もない（無過失）場合、その第三者に対して錯誤や詐欺に基づく意思表示の取消しを主張することができません。

　これに対して、強迫の場合には、第三者が、強迫が行われたことを知らず、知らないことについて過失もない場合であっても、意思表示を行った者を保護する必要性が高いため、第三者に対して強迫による取消しを主張することができます。

第2章

消費者契約法の
しくみ

図解　消費者契約法のしくみ

消費者契約法とは

　消費者と事業者との間には、商品・役務（サービス）の内容や、それらについての契約内容に関する知識や情報、交渉力に著しい格差があります。そのため、民法の原則（対等な両当事者による契約の締結を前提とした規定）に基づくと、消費者が不当に不利な立場に置かれるおそれがあります。

　そこで、消費者契約法は、民法の原則を修正して、消費者に対して、契約関係からの離脱や、契約内容の効力を否定することなどを認めることで、消費者を保護する規定を置いています。

● 消費者契約法の基本構造

【消費者契約法の条文構造】：全5章（全53条）から構成されている

第1章 総則　　　　第2章 消費者契約　　　　第3章 差止請求
第4章 雑則　　　　第5章 罰則

消費者契約の内容は、おもに4つに分類することができる

① 目的・適用範囲

- 消費者保護が立法目的であることが明示されている
- 消費者と事業者との間で締結された消費者契約を広く対象に含めている

② 契約締結過程に関する規定

- 事業者が不適切な勧誘行為（次ページ図）を行った場合に、消費者に対して、消費者契約の取消権（消費者取消権）を認めている

③ 不当条項に対する規制

- 消費者にとって一方的に不利になる契約条項は無効になる

④ 消費者団体訴訟

- 消費者被害の発生や拡大を防止するために、適格消費者団体は、不当な契約条項を含む消費者契約の締結について、差止請求を行うことができる

● 契約締結過程で行われる事業者の不適切な勧誘行為

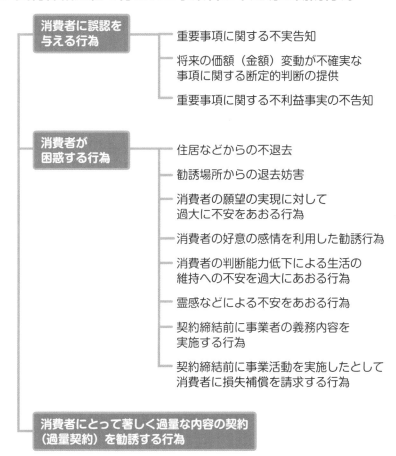

消費者に誤認を与える行為
- 重要事項に関する不実告知
- 将来の価額（金額）変動が不確実な事項に関する断定的判断の提供
- 重要事項に関する不利益事実の不告知

消費者が困惑する行為
- 住居などからの不退去
- 勧誘場所からの退去妨害
- 消費者の願望の実現に対して過大に不安をあおる行為
- 消費者の好意の感情を利用した勧誘行為
- 消費者の判断能力低下による生活の維持への不安を過大にあおる行為
- 霊感などによる不安をあおる行為
- 契約締結前に事業者の義務内容を実施する行為
- 契約締結前に事業活動を実施したとして消費者に損失補償を請求する行為

消費者にとって著しく過量な内容の契約（過量契約）を勧誘する行為

● 消費者契約法の規制対象になる不当条項

- 事業者の責任を不当に免責する条項（免責条項）
- 消費者の契約解除権を放棄させる条項など
- 消費者契約の解除に伴う損害賠償額を予定する条項
- その他消費者の利益を一方的に害する条項

1 消費者契約法とは何か

消費者契約法とはどんな法律なのか

　消費者契約法は、消費者が事業者から商品を購入したり、あるいはサービスの提供を受けたりする場合に生じるトラブルから消費者の利益を擁護することで、国民生活の安定向上などに寄与することを目的とした法律です。消費者と事業者との間には、情報の質・量の格差だけでなく、交渉力の格差もありますので、このような格差を是正して消費者を保護しようとしています。

　消費者と事業者との間で契約を締結する場合、商品やサービスに関して豊富な知識を持つ事業者が消費者に情報を提供し、この情報に基づいて消費者が商品やサービスを選択することが多いといえます。他方で、事業者から与えられた商品やサービスに関する情報について、消費者はその真偽を確かめる十分な情報を持っていません。さらに、消費者は商品やサービスに関する知識が不十分で、契約締結時で示された契約条件などの詳細な内容を、十分に検討したり、特定の契約条件を変更したりするなど、事業者と交渉するのは実際には困難です。そのため、消費者が商品やサービスに関してさまざまな誤認をしたり、事業者から執拗な勧誘を受けたり、また消費者にとって一方的に不利な条件（不当条項）で契約を締結させられたりするというトラブルが多く発生しています。

どんな場面で必要になるのか

　消費者契約法が必要になる場面は、大きく分けて、①契約の締結過程、②契約内容の是正、③消費者トラブルが発生した場合の対応方法、という3つを挙げることができます。

● 消費者契約法とは

```
事業者                                                    消費者

          商品の売買契約／サービス提供の契約

 ● 情報の量・質      事業者の説明をそのまま信じたり、
 ● 交渉力           誤解をしたりしてしまう
事業者が優位        ⇒不利な内容の契約を締結させられることがある

   消費者は不利な契約を締結させられることがあり、
   安心して事業者と契約を締結できない

                  消費者保護を目的とした法律

              消費者契約法
```

①契約の締結過程については、事業者による不当な勧誘行為を規制しています。他には、消費者が契約締結の意思がないにもかかわらず、事業者が消費者宅から退去しない、あるいは勧誘行為を行っている場所に消費者を不当に拘束するなど、消費者が困惑する行為についても規制しています。消費者としては、クーリング・オフや消費者取消権の行使によって事業者に対抗することが可能です。

②契約内容の是正については、消費者が一方的に不利に扱われる契約条項（不当条項）を無効としています。不当条項の例としては、消費者が損害を被った場合に、事業者がまったく責任を負わないという内容の条項（全部免責条項）などが挙げられます。

③消費者トラブル発生時の対応方法については、内閣総理大臣から認定を受けた適格消費者団体が、事業者による不当な勧誘行為や不当条項を含む契約の締結の差止めを請求すること（差止請求権）などが挙げられます。

2 消費者契約とその当事者

消費者契約とは

　消費者契約法は、あらゆる契約に適用されるのではなく、消費者契約のみに適用されます。消費者契約とは、消費者と事業者との間で締結される契約のことです。したがって、事業者同士が締結する契約や、消費者同士が締結する契約は、消費者契約法の適用対象外です。なお、消費者と事業者との間の契約のうち、労働契約（雇用契約）には消費者契約法が適用されません。労働基準法などの労働者保護の法律が存在するからです。

　消費者契約では、取り扱う商品やサービスに関する専門性、経済的規模、交渉力などの点で事業者が有利で、消費者が不当に不利な立場で契約締結を迫られます。消費者契約法では、この消費者契約について、消費者保護のための規定を充実させています。

消費者契約法が適用される当事者

　消費者契約の当事者となるのは「消費者」と「事業者」です。それぞれにあてはまる者を詳しく見ていきましょう。

　消費者とは、事業としてでもなく、事業のためにでもなく、契約の当事者になる個人を指します。したがって、法人その他の団体は消費者にあたりません。これに加えて、事業として、もしくは事業のために、契約の当事者となる個人も、消費者にあたりません。以上から、とくに個人が消費者にあたるか否かを判断する上で、「事業とは何か」という点が重要になります。

　事業とは、一定の社会生活上の地位に基づき、同種の行為を反復継続的に行うことを指します。事業にあたるか否かは、営利目的（利益

● 消費者契約法が適用される当事者 ·····························

消費者	事業としてでもなく、事業のためにでもなく、契約の当事者になる個人
事業者	・法人：株式会社、学校法人、NPO 法人など ・法人以外の団体：組合、法人格なき社団など ・事業として、もしくは事業のために契約の当事者となる個人 （例）飲食店、販売店、弁護士事務所、税理士事務所を経営する個人

を生む目的）があるか否かとは無関係であるため、公益目的であっても事業にあたる場合があります。

　そして、ここでの「一定の社会生活上の地位」には、趣味などの個人的・私的な活動を除くという意味合いがあります。たとえば、雑貨の販売店を営む個人Aが、販売に必要な雑貨を定期的に仕入れる行為は、事業のために反復継続的にする同種の行為なので、Aの事業にあたります。この場合のAは消費者にあたらず、後述する事業者にあたります。しかし、Aが私生活上に用いる商品を購入する行為は、雑貨販売の事業のためでもなく、その事業としてでもないため、Aの事業にあたりません。この場合のAは消費者にあたります。つまり、Aのような個人事業主は、契約の態様によって消費者にあたるか否かが変わってきます。

　これに対して、事業者とは、法人その他の団体を指します。株式会社、学校法人、NPO法人、宗教法人など、法人にあたる団体は例外なく事業者にあたります。また、複数の業者が共同して建築工事を行うジョイントベンチャーなどの組合や法人格なき社団など、法人以外の団体も事業者にあたります。法人格なき社団とは、町内会や自治会など、団体としての組織を備え、意思決定の方法が確立し、構成員の変更の有無にかかわらず存続している団体のことです。その他、事業のために契約の当事者となる個人も、事業者にあたります。

3 事業者の義務

事業者にはどんな義務があるのか

　消費者契約法では、消費者契約の一方当事者である事業者が講じるように努めるべき義務（努力義務）を規定しています。具体的には、①消費者にとって明確で理解しやすい契約条項を設けるように配慮すること（契約条項の明確化）、②消費者契約の締結について勧誘する際に、消費者契約の内容についての必要な情報を消費者に提供すること（情報提供）の2つです。これらの義務は事業者の努力義務であるため、直ちに法的責任が発生するわけではありません。しかし、これらの義務を果たさなければ、後から消費者による申込みや承諾の意思表示の取消し（消費者取消権）などが認められる可能性があります。

　①契約条項の明確化に関する事業者の努力義務については、専門的な用語の羅列などによって、一般的な消費者が意味を理解できないような契約条項を設けないようにすることが望まれます。とくに消費者が疑義を生じさせない程度の明確さが求められており、事業者に対して比較的高度な内容が求められているといえます。

　②情報提供に関する事業者の義務は、消費者と事業者との間にある情報の質・量の格差を是正するために重要な義務です。一般に消費者契約に関する情報は事業者が保有していることから、事業者から提供される情報の内容に誤りなどがあれば、契約を締結すべきか否かなど消費者が適切に判断できません。さらには、消費者が契約締結後に予想しない不利益を被るおそれもあります。なお、事業者が情報を提供する際には、契約の種類・性質の他に、消費者が締結する契約に関して保有する知識や経験の有無を考慮することも求められています。

● 事業者の義務 ……………………………………………………

	情報提供義務（消費者契約法）	説明義務（金融商品販売法）
意義	消費者契約についての情報提供義務	金融商品（預貯金・株式・債券・投資信託など）の販売についての説明義務
内容	消費者契約の締結を勧誘するときに、消費者の権利義務その他の契約内容について必要な情報を提供する	事業者は消費者に金融商品を販売する場合に、リスクなどの重要事項を説明する
性質	努力義務 ⇒義務を怠っても直ちに法的責任は生じない	法的義務 ⇒義務を怠ったことで生じた損害を賠償する義務を負う

金融商品についての説明義務

　金融商品とは、消費者が資金を提供して投資を行う形態の商品です。具体的には、預貯金、株式、債券、投資信託、デリバティブ、保険などの商品を指します。

　金融商品に関しても、事業者は、相手方が消費者にあてはまる場合には、前述した消費者契約法が規定する契約条項の明確化や情報提供に関する努力義務を負います。さらに、金融商品については、消費者が不確実な情報に依拠して取引をすると、多大な経済的損失を被るおそれがあるため、消費者契約法以外の法律において、さまざまな規制が設けられています。たとえば、金融商品販売法では、銀行、保険会社、証券会社などの金融商品販売業者に対して、金融商品が持っているリスクなどの重要事項に関する説明義務を課しています。

　そして、消費者契約法が規定する努力義務とは異なり、この説明義務は法的義務と考えられているため、義務を果たさない金融商品販売業者には損害賠償責任といった法的責任が生じます。

4 消費者取消権の全体像

消費者取消権とは

　消費者契約法は、事業者による不適切な勧誘行為により、消費者が誤認や困惑などをした場合に、消費者に対して、消費者契約の申込みや承諾の意思表示を取り消す（消費者契約を最初からなかったことにする）ことを認めています。これを消費者取消権といいます。

　消費者取消権が必要になるケースとして、事業者が勧誘時に提供した情報により、消費者が事実を誤認して消費者契約を締結した場合が挙げられます。また、事業者の勧誘により消費者が困惑してしまい、冷静な判断能力を失った状態で、消費者契約を締結した場合も、消費者取消権が必要だといえます。

意思表示を取り消せるのはどんな場合か

　消費者取消権を行使するには、その前提として、事業者が不適切な勧誘行為をしたことが必要です。おもな事業者の不適切な勧誘行為には、①消費者に誤認を与える行為、②消費者が困惑する行為、③必要な分量などを著しく超えた商品やサービスの提供を勧める行為（過量契約）が挙げられます。

　①消費者に誤認を与える行為は、事業者の不適切な勧誘行為により、消費者が誤った認識を持った状態で契約を締結する場合です。具体的には、事業者が事実と異なる情報を提供した場合（不実告知）、後に変動可能性がある事項について事業者が断定的判断を提供した場合、事業者が故意（わざと）あるいは重大な過失（落ち度の程度が大きいこと）により消費者の不利益になる事実を消費者に伝えなかった場合（不利益事実の不告知）が挙げられます。

● 消費者取消権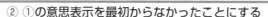

事業者　　　　　　　　　　　　　　　　　　　　　　　**消費者**

① 消費者契約の申込みや承諾の意思表示

② ①の意思表示を最初からなかったことにする

⇒ **消費者契約法に基づく消費者取消権**

消費者取消権を行使できるおもな場合

- 消費者に誤認を与える行為
（不実告知、断定的判断の提供、不利益事実の不告知）
- 消費者が困惑する行為（不退去、退去妨害、不安のあおり）
- 過量契約

②消費者が困惑する行為とは、事業者の不適切な勧誘行為により、消費者が契約締結について冷静な判断能力を失う場合をいいます。具体的には、事業者が消費者の住居などから退去しない場合（不退去）、事業者が勧誘場所から消費者を退去させない場合（退去妨害）、事業者が消費者の不安をあおる勧誘方法を用いて契約締結を迫る行為（不安のあおり）などが挙げられます。

③過量契約とは、事業者の不適切な勧誘行為により、消費者が、通常必要とされる分量を著しく超えた商品を購入する契約や、通常必要とされる回数・期間を著しく超えたサービスの提供を受ける契約を締結させられる場合などをいいます。

▌消費者取消権を行使した場合

消費者が消費者取消権を行使すると、消費者契約が最初からなかったことになります。そのため、消費者が事業者に支払った代金は消費者に返還し、消費者が事業者から受け取った商品などは事業者に返還しなければなりません（原状回復）。

5 不実告知による取消し

不実告知とは

不実告知とは、事業者が消費者契約の重要事項に関し、消費者に対して事実と異なることを告げて勧誘行為をしたため、消費者が事実を誤認した場合です。消費者は、不実告知に基づいて消費者契約の申込みや承諾の意思表示した場合には、その意思表示を取り消すことができます。不実告知による取消しは、前述した消費者取消権のひとつです。

「事実と異なること」とは、客観的に真実でないことや真正でないこと（商品が偽物であることなど）を指します。消費者がだまされて事実を誤認した場合の取消しについては、民法においても詐欺に基づく取消しが規定されています。しかし、詐欺に基づく意思表示の取消しは、事業者が事実と異なることを知りながら、消費者に対して勧誘行為をしたことが要求されています。

これに対し、消費者取消権のひとつである不実告知による取消しは、消費者契約の勧誘行為の際に、事業者が事実と異なることを知っていたかどうかは問われません。したがって、事業者が事実と異なることを知らなかった場合だけでなく、知らないことについて過失がなかった場合であっても、消費者は不実告知による取消しができます。

重要事項とは

不実告知の対象である「重要事項」とは、消費者が契約を締結するか否かという判断をする際に、通常影響を与えるであろうと考えられる事項のことです。具体的には、販売する商品や提供するサービスの質・用途などに関する事項や、商品やサービスの対価その他の取引条件に関する事項が挙げられます。

● 不実告知による取消し

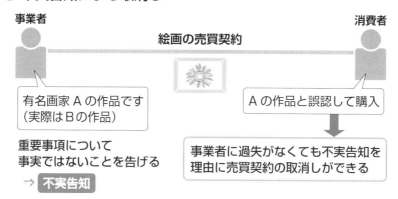

事業者

消費者

絵画の売買契約

有名画家 A の作品です
（実際は B の作品）

A の作品と誤認して購入

重要事項について
事実ではないことを告げる
→ 不実告知

事業者に過失がなくても不実告知を
理由に売買契約の取消しができる

　さらに、不実告知による取消しについては、商品やサービスが消費者の生命・身体・財産その他の重要な利益に対して損害や危険を与えるおそれがある場合に、その損害や危険を回避するために通常必要と判断される事項も「重要事項」に含まれます。「損害や危険」とは、消費者がすでに保有している利益を失わせることの他、事業者の不実告知がなければ本来は得られたであろう利益を得られないことも含まれます。

■ どんな場面で問題になるのか

　裁判例で不実告知による取消しが問題になったケースとして、宝飾品の販売契約が挙げられます。宝飾品の価格は、当事者の主観的な判断の他に、貴金属の価格変動などによって絶対的な価格設定が困難であるという特徴があります。

　そのため、宝飾品の販売価格は、消費者にとって宝飾品を購入するか否かについての「重要事項」にあたると判断しました。その上で、事業者が一般的な市場価格の 4 倍程度の価格を消費者に告げて勧誘行為を行い、宝飾品の販売契約を締結させた事例について、消費者に対して不実告知による販売契約の取消しを認めました。

6 断定的判断の提供による取消し

断定的判断の提供による取消しとは

　断定的判断の提供とは、事業者が、消費者契約の対象となる商品やサービスに関し、将来的に確実ではない事項につき、断定的な判断を提供することをいいます。そして、断定的判断の提供に基づいて消費者が消費者契約の申込みや承諾の意思表示をした場合には、その意思表示を取り消すことができます。断定的判断の提供による取消しは、消費者取消権のひとつです。

　断定的判断の提供による取消しが認められるためには、①将来における変動が不確実な事項について、事業者が消費者に断定的な判断を提供したこと、②事業者から提供された内容を消費者が真実であると誤認して消費者契約の申込みや承諾の意思表示をしたこと、③消費者が誤認したことが原因で意思表示をしたという原因と結果の関係（因果関係）が存在すること、が必要です。

将来における変動が不確実である事項とは

　断定的判断の提供の対象となる「将来における変動が不確実である事項」は、商品やサービスといった消費者契約の目的となるものに関し、①将来におけるその商品やサービスの価額、②将来において消費者が受け取るべき金額、③その他の将来における変動が不確実な事項を指します。①は将来的に価額が上昇して転売利益を得られるかに関わる事項、②は将来的に配当金や保険金などの形で金銭を受領できるかに関わる事項といえます。

　このように、①と②が金銭的あるいは財産的な事項であることから、③の「その他」についても、原則として金銭的あるいは財産的な事項

● 断定的判断の提供による取消し …………………………………

骨董品の売買契約

事業者 ━━━━━━━━━━━━━━━━━━ 消費者

事業者の言葉を信じて購入

「必ず」価額が高騰します
【断定的判断の提供】

 消費者は慎重に不利益を考慮して
判断することができなくなるおそれ

事業者による断定的な判断の提供を受けて、それが
真実であると誤認し、消費者契約の申込みや承諾を
した場合、その申込みや承諾を取り消すことができる
⇒ 断定的判断の提供による取消し

に限定されると考えられています。したがって、金銭的・財産的な事項でない内容は、原則として「将来における変動が不確実である事項」にあたりません。

たとえば、「この薬を飲めば、○か月で□kg痩せます」「この塾で学習すれば、○か月で成績が□点アップします」という内容の勧誘行為は、金銭的・財産的な事項でない内容であるため、「将来における変動が不確実である事項」にあたりません。裁判例でも家庭教師派遣契約について、事業者が消費者に対して「有名校に合格できる」と説明したことが、断定的判断の提供にあたらないとした事例があります。

┃どんな場面で問題になるのか

断定的判断の提供による取消しが、裁判に発展して問題になるケースとしては、保険、証券取引、先物取引、不動産取引、連鎖販売取引（マルチ商法）が多いようです。その他にも、ガソリン代や電気代などの節約、パチンコの出玉の獲得といった金銭的あるいは財産的な効能・効果についても、断定的判断の提供にあたるかどうかが裁判に発展して問題になることがあります。

7 不利益事実の不告知による取消し

不利益事実の不告知とは

　不利益事実の不告知とは、事業者が消費者契約の重要事項などについて、消費者の利益となる事実を告げたのに、故意または重過失により不利益となる事実は告げなかったことをいいます。たとえば、漢方薬の販売において、疲労回復や病気の治癒など、漢方薬の効能を伝えたのに、敏感肌の人は肌が荒れる可能性があるなど、漢方薬の副作用を伝えなかった場合が挙げられます。

　不利益事実の不告知によって、不利益事実が存在しないと誤信して消費者契約の申込みや承諾の意思表示をした消費者は、それらの意思表示を取り消すことができます。不利益事実の不告知による取消しは、前述した消費者取消権のひとつです。

　漢方薬の副作用といった不利益事実の有無は、契約の締結にあたって消費者も調査することが求められます。しかし、消費者契約においては、事業者と消費者の情報量や交渉力に格差があることから、事業者が告知しない以上、消費者が不利益事実はないと誤認することがあります。また、事業者でなければ知ることが困難な不利益事実もあります。そこで、一定の要件の下で、消費者に対して不利益事実の不告知による取消しを認めています。

不利益事実の不告知による取消しの要件

　不利益事実の不告知による取消しが認められるためには、事業者が勧誘行為の際に、重要事項あるいは重要事項に関連する事項について、消費者に対して、その利益となる事実を告げたのに、不利益事実を告げなかったことが必要です。ここでの「重要事項」とは、不実告知の

● 不利益事実の不告知による取消し

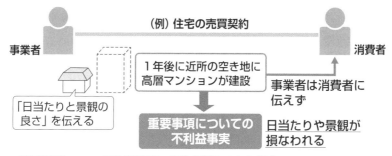

（例）住宅の売買契約

事業者 ─────────────── 消費者

「日当たりと景観の良さ」を伝える

1年後に近所の空き地に高層マンションが建設

↓

重要事項についての不利益事実

事業者は消費者に伝えず

日当たりや景観が損なわれる

重要事項について不利益事実の不告知がなされた場合

⇒ 消費者取消権を行使できる

∴ 1年後に近所の空き地に高層マンションが建設され、売買契約の対象となった住宅の日当たりも景観も悪化する、という消費者に不利益な事実を事業者が故意または重過失によって告げなかった場合、消費者は、住宅の売買契約を取り消すことができる

取消しの場合と同様に、消費者が契約を締結するか否かという判断をする際に、通常影響を与えるであろうと考えられる事項をいいます。

　さらに、事業者が故意（わざと）あるいは重過失（重大な落ち度）により、消費者に不利益事実を告げなかったことも必要です。

┃どのような場面で問題になるのか

　たとえば、住宅の売買契約において、事業者が日当たりと景観の良さを売りとして、その情報を消費者に提供し、消費者もそれを大きなメリットと認識して、住宅を購入するとの意思表示をした場合、この「日当たりと景観の良さ」は、住宅を購入する直接の動機となっているため、重要事項にあたると考えられます。

　このとき、1年後に近所の空き地に高層マンションが建設され、日当たりと景観が害されることを事業者が知りながら、あるいは重大な調査ミスによって知らず、この事実を消費者に告げなかったとします。この場合、消費者は住宅購入の意思表示を取り消すことができます。

8 消費者が困惑した場合の取消し

消費者が困惑した場合の取消しとは

　事業者と消費者との間には、情報の質・量や交渉力の格差があります。そのため、消費者が事業者の豊富な情報や巧みな交渉術によって困惑し、正常な判断が困難になる場合があります。その結果として、消費者が事業者の圧迫から逃れるため、本来は必要のない契約を締結することも考えられます。

　そこで、消費者契約法は、消費者が事業者の一定の行為により消費者が困惑したことによって、消費者契約の申込みや承諾の意思表示をした場合、その意思表示の取消しを認めています。消費者が困惑した場合の取消しは、①不安のあおりによる取消し、②不退去による取消し、③退去妨害による取消し、に大きく分類されます。

不安のあおりによる取消し

　不安のあおりによる取消しは、令和元年施行の消費者契約法改正で新設された類型です。さまざまなシーンで消費者の不安をあおり困惑させることを想定し、おもに以下の場合を規定しています。

・社会生活上の経験が乏しく、進学や結婚などの社会生活上の重要事項や、容姿・体型などの身体の特徴・状況に関する重要事項に対する願望の実現に過度の不安を抱いている場合

　たとえば、結婚を切望しているが、結婚できるか非常に不安を感じている消費者に対して、事業者が「この宝石を身に着けると必ず結婚できる」「この本を読まないと結婚が10年遅れる」などと合理的根拠のない事実を告げたとします。この場合、結婚を切望する消費者は、宝石や本を購入しないことで結婚できなくなるのではないかと非常に

● 不安のあおりによる取消し ・・・・・・・・・・・・・・・・・・・・・・・・・・・・・・・・

不安のあおりにあたるケース	具 体 例
社会生活上の重要事項や身体の特徴・状況に過度な不安を抱いている場合	結婚を切望している者に「この宝石を身に着けると必ず結婚できる」と告げる場合
消費者が勧誘者に対して恋愛感情などを抱いており、勧誘者も同様の感情を抱いていると誤信しているのに乗じた場合	勧誘者が「この化粧品を購入しなければ、あなたとの関係は終わりです」と勧誘者に対して恋愛感情を抱く消費者に告げる場合
消費者が加齢や心身の故障による現在の生活の維持に著しい不安を抱いている場合	高齢者に「この漢方を飲まないと持病が悪化し、今の生活を維持することが困難になる」と告げる場合
霊感などを用いて消費者の不安をあおる場合	「この壺を購入しなければ、悪霊によって大病になる」と告げる場合
消費者契約を締結する前に、その契約を締結したなら負うことになる義務を実施する場合	消費者が消費者契約の申込みや承諾をしていない段階で、建物の建築を開始する場合

困惑します。したがって、消費者には宝石や本の購入に関する意思表示の取消しが認められます。

・**社会生活上の経験が乏しく、勧誘者に対して恋愛感情などを抱いており、勧誘者も同様の感情を抱いていると誤信していることを事業者が知りながら、これに乗じた場合**

　たとえば、事業者の業務に従事する勧誘者が、自分に対して消費者が恋愛感情を抱いているのを知りながら、「この化粧品を購入しなければ、あなたとの関係は終わりですね」などと告げたとします。この場合、勧誘者が自分に恋愛感情を持っていると誤信している消費者は、化粧品を購入しないと勧誘者との恋愛関係が破綻するのではないかと非常に困惑します。したがって、消費者には化粧品の購入に関する意思表示の取消しが認められます。

・**消費者が加齢や心身の故障によって判断力が著しく低下し、現在の生活の維持に過大な不安を抱いている場合**

たとえば、健康に不安を抱いている高齢者に対して、それを知る事業者が、合理的な根拠なく「この漢方を飲まないと持病が悪化し、現在の生活の維持が困難になる」などと告げたとします。この場合、健康に不安を抱いている高齢者は、さらに健康状態が悪化するのではないかと非常に困惑します。したがって、消費者には漢方の購入の意思表示の取消しが認められます。

・霊感などを用いて消費者の不安をあおった場合

　たとえば、事業者が「あなたには悪霊がついていて、このままでは大病にかかるけれども、この壺を購入して自宅に置いておくと悪霊が退散し、確実に大病にかからない」と告げたとします。この場合、霊感や占いなどに基づく情報は、合理的情報であるのかどうかの実証が困難です。しかし、消費者の不安をあおって困惑させ、消費者に壺の購入に関する意思表示をさせた場合には、その意思表示の取消しが認められます。

・消費者契約を締結する前の時点で、その契約を締結した後に事業者が負担する義務を実施してしまう場合

　たとえば、事業者が建物の建築を請け負う場合、その建築義務は本来、契約締結後に発生します。しかし、消費者が建物建築を注文する意思表示をしていない段階で、事業者が先に建物の建築を開始すると、消費者は契約を締結すべきなのかと非常に困惑します。この場合、消費者には建物の建築に関する意思表示の取消しが認められます。

▌不退去による取消しとは

　不退去とは、事業者が勧誘行為をしている際に、消費者から住居などから退去すべきと告げられたのに、退去しないことをいいます。事業者の不退去により、消費者が困惑して消費者契約の申込みや承諾を意思表示をした場合には、その意思表示の取消しができます。たとえば、消費者の住居にセールスマンが訪問し、消費者が「もう帰ってく

れ」と告げたのに、商品を購入するまで退去せずに居座った場合が挙げられます。消費者はセールスマンを退去させたいとの思いから、困惑して商品の購入契約を締結したことから、その意思表示の取消しが認められます。

　不退去による取消しは、消費者の住居からの不退去だけに限りません。消費者が住居とは別に店舗を有する場合に、その店舗から退去しないときや、消費者が宿泊するホテルの部屋から退去しない場合も、不退去による取消しの対象に含まれます。

　消費者から事業者に対して退去の意思を告げる方法は、「出て行け」などの直接的な表現でなくても、「もうお話は結構です」「これ以上時間がありません」などの間接的な表現でもかまいません。身ぶりで退去の意思を示す場合も対象に含まれます。

▌退去妨害による取消しとは

　退去妨害とは、消費者が、事業者が消費者を勧誘する場所から退去する意思を告げたのに、その場所から退去させなかった場合をいいます。この退去妨害によって消費者が困惑し、消費者契約の申込みや承諾の意思表示をした場合、消費者にはその意思表示の取消しが認められます。

　消費者による退去妨害による取消しの意思表示は、不退去による取消しの場合と同様に直接的な表現でなくてもかまいません。「そろそろ次の予定がある」などの間接的な表現でもよく、身ぶりなどでもかまいません。また、事業者による退去妨害は、消費者の手足を押さえつけるなど、消費者の身体に直接働きかける必要はありません。消費者が勧誘場所から退出するのを困難にさせるだけで足ります。たとえば、出入り口の扉に人が立って退出を困難にさせる場合や、退去すると不利益があると告げることも退去妨害にあたります。

9 過量契約による取消し

過量契約による取消しとは

　過量契約とは、消費者契約の目的である商品の分量や、サービスの回数もしくは期間が、その消費者にとっての通常の分量などを著しく超える内容の契約です。たとえば、健康食品の売買契約において、単身で居住する高齢者が3年分の健康食品を購入することは、過量契約にあたる可能性が高いと考えられます。

　過量契約による意思表示の取消しが認められるためには、まず事業者が商品などの分量・回数・期間が過量であることを認識して勧誘行為を行っている必要があります。そして、この勧誘行為が原因となって、消費者が契約の申込みや承諾の意思表示をしたことが必要です。

　過量契約は、1回の契約で消費者にとっての通常の分量などを著しく超える内容となる必要はありません。複数回の契約で通常の分量などを著しく超える場合もあてはまります。

　また、消費者が消費者契約の目的と同じ種類の物やサービスなどについて、すでに契約を締結しており、それらの分量などを合算した結果、消費者にとって過量となる場合にも、過量契約による取消しが認められます。たとえば、消費者Aが事業者Bと健康食品の売買契約を締結する前に、事業者Cと同じ種類の健康食品の売買契約を締結していたとします。この場合、消費者Aは、事業者Bから購入した分量と、以前に事業者Cから購入した分量を合算すると、健康食品が過量になることを事業者Bが知っていた場合、Aは契約の申込みや承諾の意思表示を取り消すことができます。

● 過量契約による取消し

| 過量契約 | 消費者契約の目的となる商品の分量やサービスの回数・期間が、その消費者にとっての通常の分量などを著しく超える内容の契約 |

健康食品の売買契約

・単身
・高齢者

3年分の健康食品を販売する

事業者 ──── 過量契約 ───→ 消費者

過量契約であることを事業者が知っていた場合、消費者が申込みや承諾の意思表示を取り消すことができる

▌過量契約による取消しを認める理由

　たとえば、健康食品の売買契約について、その健康食品が消費者のニーズに合った商品で、定期的に購入し、毎日摂取することにより、消費者の健康の維持・改善が期待できるとします。このような消費者契約の締結は、消費者に利益をもたらしているといえます。しかし、消費者に利益をもたらす健康食品であっても、必要量を超えて大量に購入すると、消費期限内に摂取しきることができないなど、余計な出費をしたことになって、かえって不利益となる可能性があります。

　消費者は、商品やサービスについて、事業者との間に情報量や交渉力などに格差があるため、事業者の言うままに商品やサービスに関する契約を締結することがあります。これは、契約を締結するかどうかの判断だけでなく、契約の内容を判断する場合についても同様です。つまり、どの程度の分量などが適切であるか、契約締結前に正確な判断ができず、事業者に言われたままの分量などで契約を締結することがあります。

　以上のことが、過量契約による取消しを認めている理由だと考えられます。

特定商取引法が定める過量契約との比較

　過量契約に関する規制は特定商取引法にも存在します（特定商取引法では過量販売）。特定商取引法の規定と消費者契約法の規定は、どちらも適正な分量などを著しく超える契約から、購入者である消費者を保護する点で共通していますが、異なる点もあります。

　特定商取引法の過量販売の規制対象は、訪問販売と電話勧誘販売の2つの類型だけです。訪問販売とは、自宅などに訪れて商品などを販売する形態の取引です。電話勧誘販売とは、自宅などに電話をかけて契約締結の勧誘をする形態の取引です。これに対して、消費者契約法は、広く消費者を保護する目的から、契約の類型を限定していません。

　また、消費者契約法は、消費者が過量契約による取消しをするには、事業者が過量契約であることを知って勧誘している必要があります。

　一方、特定商取引法では、消費者が申込みの撤回や契約の解除をするために、事業者が過量販売であることを知っている必要はないとされる場合があります。

消費者にとっての通常の分量などの判断基準

　消費者契約法では、契約の申込みや承諾の意思表示をした消費者にとって、通常の分量・回数・期間を著しく超える内容になっているかどうかが、過量契約にあたるか否かの判断基準として用いられています。消費者にとっての通常の分量などといえるかどうかは、社会通念を基準に判断されますが、その際は、さまざまな要素が考慮されます。

　まず、消費者契約の目的となる商品やサービスの内容が考慮要素となります。たとえば、魚や野菜など生鮮食品を大量に購入する場合と、加工食品など消費期限が長期にわたる商品を購入する場合であれば、過量契約にあたるかの判断に違いが生じます。

　次に、消費者の生活状況も考慮要素になります。たとえば、生鮮食品を大量に購入する場合であっても、消費者が大家族で共同生活をし

● 過量契約にあたるか否かの判断基準 …………………………………

| 過量契約にあたるか否かの判断基準 | ⇒消費者にとって通常の分量・回数・期間を著しく超える内容になっているか否か |

社会通念を基準に判断する

〈考慮要素〉● 消費者契約の目的となる商品やサービスの内容
　　　　　　● 消費者の生活状況

〈目安〉ガイドライン『通常、過量にはあたらないと考えられる
　　　　分量の目安について』
　　　（例）健康食品⇒1人あたり1年間に10か月分を
　　　　　　　　　　　販売する契約は過量販売にあたらない

ており、消費することが可能な分量であれば、過量契約でないと判断される可能性が高いといえます。しかし、同じ分量を単身の高齢者が購入する場合であれば、過量契約にあたる可能性が高まります。

　過量といえるかどうかの目安として、公益社団法人日本訪問販売協会が会員向けに開示している『通常、過量にはあたらないと考えられる分量の目安について』というガイドラインが参考になります。ガイドラインでは、1年間あたりの標準販売数量や、契約1件あたりの平均的な販売数量の目安が示されています。たとえば、健康食品については、原則として1人が使用する量として、1年間に10か月分を販売する契約は、通常は過量販売にあたらないと示されています。

　なお、ガイドラインで示された個数や分量は目安で、この個数・分量を超えなければ当然に過量販売にあたらないと判断されるわけではない点に注意が必要です。

　なお、過量にあたるか否かの判断基準について、消費者契約法と特定商取引法の規定の仕方には若干の違いがあります。ただ、実際に過量とされる範囲については、両法間でそれほど違うことにはならないだろうと考えられています。

10 第三者・代理人・仲介者がいる場合

消費者取消権の行使により影響を受ける者とは

　消費者によって消費者取消権の行使、つまり消費者契約の申込みや承諾の意思表示の取消しが行われると、その消費者契約が締結当初からなかったことになります。

　たとえば、売買契約を締結するときに、消費者（買主）が「この商品を1万円で売ってください」と事業者に言い、事業者（売主）が「いいですよ」と答えたとします。その後、消費者が消費者取消権を行使すると、「この商品を1万円で売ってください」という意思表示がなかったことになるため、消費者と事業者との間で消費者契約が当初から締結されていないことになります。

　この場合、消費者と事業者の双方は、消費者契約がなされていない状態に戻すことが必要です。たとえば、上記の商品の売買契約が取り消されたときは、消費者が商品を事業者に返還し、事業者が代金を消費者に返還することが必要です。これら商品と代金の返還は、同時に行うことが原則とされています。

　しかし、取り消された消費者契約の目的物について第三者が利害関係を持った場合には、取消しの効果がその第三者にも影響を与えます。たとえば、中古品の買取り契約で、消費者（売主）が事業者（買主）に中古品を引き渡した後で、事業者が第三者にその中古品を売却して引き渡したとします。その後に、消費者買取りの申込みや承諾の意思表示を取り消すと、事業者は、第三者に売却した中古品を、その第三者から返還してもらった上で、消費者に返還することになります。しかし、第三者が自分と関係のない事情により、中古品を得ることができないとするのは妥当でないともいえます。

● 消費者契約に関して仲介者がいる場合 ‥‥‥‥‥‥‥‥‥‥‥‥

(例) 信販会社が販売会社に仲介(媒介)を委託した場合

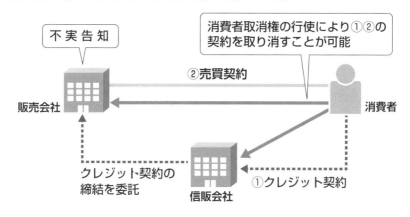

不実告知

消費者取消権の行使により①②の
契約を取り消すことが可能

②売買契約

販売会社　　　　　　　　　　　　　　　　　　　消費者

クレジット契約の
締結を委託

①クレジット契約

信販会社

取消しと第三者について

　消費者契約が取り消される事由には、不実告知、断定的判断の提供、消費者が困惑した場合、過量契約など、消費者が意思表示をする過程に問題がある場合が挙げられます。消費者契約法は、このような消費者契約の締結過程に問題がある場合について、消費者がそれに基づく意思表示に拘束されるのは酷であることから、一定の要件の下で、消費者が消費者契約の申込みや承諾の意思表示を取り消すという消費者取消権を認めています。しかし、消費者の側が消費者契約の取消しを望まないのであれば、そのまま契約関係を継続させることもできます。

　注意しなければならないのは、消費者の意思によって取消しをするか否かを決定できるといっても、前述のように、取消しの効果が第三者の利益に影響を与えることがあります。そこで、第三者を保護する規定が重要だといえます。

　しかし、無関係の第三者を保護する必要はありません。消費者契約の第三者にあたる者は、その消費者契約により利害関係を持った第三者に限定されると考えられています。たとえば、消費者Aから事業者

Bに売却された中古品を、その事業者Bから購入したCは、ＡＢ間の消費者契約の第三者にあたります。しかし、別の中古品を事業者Bから購入したDは、ＡＢ間の消費者契約の第三者にはあたりません。

さらに、消費者契約の取消前に、その消費者契約により形成された状態について利害関係を持つことも必要です。消費者契約の取消後に利害関係を持った場合は、事業者が取消しの対象となる同じ商品などを「事業者→消費者」「事業者→第三者」と二重に譲り渡したものとして、先に対抗要件（動産のときは引渡し、不動産のときは登記）を取得した者が保護されると考えられているので、消費者契約の第三者から除外されます。

そして、消費者契約の取消しにより保護される第三者は、善意かつ無過失でなければなりません。善意とは、消費者取消権を行使できる事由（消費者契約が取り消される事由）があることを知らないことを意味します。無過失とは、通常の注意によっては消費者取消権を行使できる事由があることを知ることができなかったことを意味します。

たとえば、前述のＡＢ間の中古品の買取り契約について、消費者取消権を行使できる事由があったとします。この場合、第三者であるCが、ＡＢ間の消費者取消権を行使できる事由があることを知らなかっただけでなく、通常の注意によっても知ることができなかった場合に、善意かつ無過失ということができます。

なお、令和２年４月施行の民法改正に伴い、消費者契約の第三者として保護されるための要件が、善意の第三者から善意かつ無過失の第三者へと変更されました。第三者が保護されるための要件が、従来よりも厳格になっていることに注意が必要です。

仲介者や代理人がいる場合

消費者契約には仲介者や代理人が存在することがあります。たとえば、販売会社と消費者との間で商品の売買契約を締結する際に、消費

者の代金支払いにつき、信販会社と消費者との間でクレジット契約（立替払契約）を締結するとします。その際、信販会社が販売会社に対して、クレジット契約の締結の仲介（媒介）を委託している場合があります。この場合は、販売会社が仲介者となり、商品の販売と同時にクレジット契約の交渉も行うため、それぞれの契約を別々の機会に行うという煩雑さが解消されます。

▌消費者契約法上の規定

消費者契約に仲介者や代理人が介在する場合には、その仲介者や代理人が、消費者に対して、不実告知や断定的判断の提供などをしたり、消費者を困惑させたりする可能性があります。

そこで、消費者契約法は、消費者契約の仲介者の行為に消費者取消権を行使できる事由がある場合には、消費者が事業者に対して消費者取消権を行使することを認めています。たとえば、前述のように、売買契約とクレジット契約を同時に締結した例で、販売会社（クレジット契約については仲介者にあたります）が勧誘行為に際して消費者に不実告知をしていた場合には、消費者は、どちらの契約も取り消すことができます。とくに信販会社（クレジット契約については事業者にあたります）自体には消費者取消権を行使できる事由がないのに、消費者がクレジット契約について消費者取消権の行使ができるとするのが特徴です。

また、消費者・事業者に代理人がいた場合、消費者取消権の行使が認められるか否かは代理人を基準に判断します。たとえば、事業者が商品の売買契約についてA会社を代理人にしていた場合、A会社の行為に消費者取消権を行使できる事由があるときは、消費者は、事業者に対して消費者取消権を行使することができます。

11 消費者取消権の行使

消費者取消権の行使期間・行使制限

　一般に取消権の行使とは、契約の申込みや承諾などを取り消すという自分の意思を、契約の相手方に示すことをいいます。ただ、取消権が行使されるかどうか不安定な状態が続くことは、契約の相手方にとって不利益といえます。そこで、民法では、取消権は、追認できる時から5年間行使しないときか、契約締結時から20年を経過すると、その権利が消滅すると規定しています。

　これに対して、消費者取消権は、追認できる時から1年間行使しないときか、消費者契約の締結時から5年を経過すると、その権利が消滅します。追認できる時とは、消費者取消権を行使できる事由（不実の告知や不利益事実の不告知など）があったことを消費者が知った時という意味です。消費者取消権の範囲を広く認めていることから、事業者の不利益にも配慮し、その行使期間を民法よりも短く設定しています。したがって、消費者取消権の行使期間を経過した場合には、消費者は、おもに民法が規定する詐欺・強迫・錯誤による取消しを主張して争うことになります。

　なお、株式の購入といった会社への出資や、公益社団法人への基金の拠出など、詐欺・強迫を理由とする取消しができないと法律が規定している行為については、消費者取消権の行使ができないことに注意が必要です。これらの行為には、多数の出資者・拠出者などが関与しており、取消しを認めることによる混乱が非常に大きくなるからです。

消費者が追認をすることもできる

　追認とは、取消しができる行為を、確定的に有効とする意思表示の

● 消費者取消権の行使 ‥‥‥‥‥‥‥‥‥‥‥‥‥‥‥‥‥‥‥‥‥

行使期間	・追認できる時から1年間行使しないときに消滅する ・消費者契約の締結時から5年を経過したときも消滅する
行使制限	消費者だけでなく、取引関係に入った多数の者が不安定な立場になるおそれがある場合 (例) 会社への出資、公益社団法人への基金の拠出など
追 認	消費者が追認可能な状況下にあることが必要 ⇒取消しの原因となる状況がなくなり、正常な判断ができる状態で追認をしなければならない (例) 事業者が退去に従わない（不退去）ことから、消費者が消費者契約を締結し、その状況下のまま追認をしても、追認をしたとは認められない

ことです。たとえば、事業者の不退去により購入した商品について、消費者がその商品を気に入ったとして「売買契約の取消しはしない」と事業者に告げる場合などが挙げられます。追認をすることにより、消費者は、これを覆して意思表示を取り消すことができなくなります。その結果として、取消しができる行為が有効であることが確定します。

　ただし、消費者が追認をしたと認められるのは、取消しの原因となる状況が消滅して、追認をするか否かについて正常な判断ができる状態で追認をした場合に限られることに注意を要します。たとえば、事業者が退去に従わないことから、消費者が商品の売買契約を締結し、その状況下のまま追認をしても、正常な判断ができる状態でないため、消費者が追認をしたとは認められません。この場合、消費者は、前述の行使期間内に消費者取消権の行使ができます。

12 不当条項規制の全体像

不当条項とは

　不当条項とは、消費者にとって一方的に不利な内容の契約条項を指します。消費者契約においては、とくに事業者が簡易迅速に契約を締結するため、事業者があらかじめ作成した契約条項に対して消費者が承諾を与える形で、契約の締結に至る場合が多いといえます。そして、事業者が一方的に作成した契約条項は、事業者の利益を優先させる傾向があります。

　このように、消費者に対して一方的に不利益を与える形で事業者が作成した契約条項は、事業者が契約上の信義誠実に反していると評価できるとして、民法が規定する信義誠実の原則に違反する可能性があります。また、事業者が作成した契約条項が消費者の弱みに付け込む内容である場合には、同じく民法が規定する公序良俗違反として、契約それ自体が無効になる可能性もあります。しかし、とくに公序良俗違反が認められるのは、事業者側の悪質性が非常に高いケースに限定され、信義誠実の原則に違反すると評価される場合には、消費者の利益をどのように保護するのかが民法の規定からは不明確です。

　そこで、消費者契約法は、広く消費者の利益を保護するため、不当条項を無効とする規定を設けています。これを不当条項規制といいます。なお、不当条項規制は、消費者契約の不当条項を無効とするものであって、消費者契約それ自体を無効とするものではありません。

どんな規定があるのか

　消費者契約法は、大きく分けて、不当条項の内容を以下の4つの類型に分類しています。

● 不当条項規制 ………………………………………………………………

(例) 学習塾の受講契約

【契約条項】消費者による解除権を制限する条項

> ・時期を問わず、消費者からの解除を一切許さない
> ・申込者が解除をした場合は受講料全額を違約金として没収する

不当条項にあたる

不当条項が無効になる（契約自体は有効のまま）

① **事業者の損害賠償責任を免除する条項の無効**

　事業者が消費者に対して負担する、債務不履行に基づく損害賠償責任、不法行為に基づく損害賠償責任、契約不適合責任に基づく損害賠償責任について、その全部あるいは一部を免除する契約条項を無効とする規定が設けられています。

② **消費者契約の解除権を放棄させる条項の無効**

　事業者の債務不履行あるいは契約不適合責任に基づき、消費者が消費者契約を解除する権利を放棄させる契約条項を無効とする規定が設けられています。

③ **消費者が負担する損害賠償額をあらかじめ定める条項の無効**

　消費者による消費者契約の解除にあたり、解除に伴って事業者に生ずべき平均的な損害額を超える損害賠償責任を消費者に負担させる契約条項などを無効とする規定が設けられています。

④ **消費者の利益を一方的に害する条項の無効**

　前述の①〜③にあてはまらなくても、消費者の権利を制限し、あるいは過度な義務を負わせるなど、消費者の利益を一方的に害する契約条項を無効とする規定が設けられています。

13 債務不履行責任の免責特約

債務不履行責任の免責特約とは何か

　債務不履行責任の免責特約とは、事業者が消費者契約における債務不履行責任を負わないとする内容の契約条項です。たとえば、契約書に設けられた「いかなる損害が生じても、当社は一切責任を負いかねます」という規定などが挙げられます。

　債務不履行には3つの場面があります。①債務の履行が遅れている場合（履行遅滞）、②債務の履行が不可能である場合（履行不能）、③債務の履行が不完全である場合（不完全履行）です。

　たとえば、商品の売買契約において引渡期日が決められている場合、事業者（売主）は、商品を引渡期日までに消費者（買主）に引き渡さなければなりません。しかし、引渡期日を過ぎても事業者が商品を消費者に引き渡さない場合には、原則として履行遅滞にあたります。

　事業者に債務不履行があれば、消費者は、事業者に債務不履行に基づく損害賠償請求ができます。この損害賠償責任を免れるため、事業者側の主導で債務不履行責任の免責特約が設けられることがありますが、消費者には不利な内容の特約といえます。

全部免責特約は無効である

　消費者契約法では、債務不履行により消費者に生じた事業者の損害賠償責任の全部を免除する契約条項は無効であると規定しています。したがって、上記の例にある「いかなる損害が生じても、当社は一切責任を負いかねます」とする契約条項は無効です。

　さらに、債務不履行による事業者の損害賠償責任の有無を、事業者が自ら決定できるとする契約条項も無効であると規定しています。事業

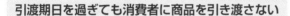

● 債務不履行責任の免責特約

事業者		消費者

商品の売買契約

引渡期日を過ぎても消費者に商品を引き渡さない

⇒ 履行遅滞（債務不履行）

【原則】消費者は債務不履行に基づく損害賠償請求が可能

（しかし）

【契約条項】「損害賠償責任を一切負わない」

⇒ 債務不履行による損害賠償責任を全部免除する契約条項は消費者契約法により無効になる

者に損害賠償責任の有無を決定する権限を与えた場合に、事業者が損害賠償責任を肯定することは考えにくいことから、事実上、損害賠償責任の全部を免除する特約と同様の契約条項になってしまうからです。

■ 故意・重過失がある場合の一部免責特約も無効である

消費者契約法では、債務不履行が事業者の故意もしくは重過失（重大な落ち度）による場合に、消費者に対する損害賠償責任の一部を免除する契約条項が無効であると規定しています。一部免責特約については、事業者の軽過失（ささいな落ち度）により消費者に生じた損害賠償責任の一部を免除する契約条項は有効であるとする点で、上述の全部免責特約とは異なります。

さらに、一部免責特約についても、事業者の損害賠償責任の限度を事業者が自ら決定できるとする契約条項が無効となります。

14 不法行為責任の免責特約

不法行為責任の免責特約とは何か

　不法行為責任の免責特約とは、消費者契約において事業者が不法行為責任を免れるために設ける契約条項です。たとえば、「いかなる損害についても、当社は一切責任を負いません」という契約条項を設ける場合などが挙げられます。

　不法行為とは、故意や過失により、他人の生命・身体・財産などに損害を与えることです。前述の債務不履行は契約関係にある者の間で発生するのに対し、不法行為は契約関係にあるか否かを問わず発生するという違いがあります。

　たとえば、代金支払いの請求をする際に、相手方に対して暴行を加えた場合には、この暴行により生じた身体の損害（ケガを負ったこと）について、相手方が暴行を加えた者に対して不法行為による損害賠償請求をすることがあります。事業者としては、どのような事情で消費者から損害賠償請求を受けるか、そのすべてを予見するのは困難であることから、いかなる場合も損害賠償責任を負うことのないように、不法行為責任の免責特約を設けることがあります。

全部免責特約は無効である

　消費者契約法では、消費者契約における事業者の債務の履行に際してなされた不法行為により消費者に生じた損害を賠償する責任の全部を免除する条項を、無効であると規定しています。前述の例のように「いかなる損害についても、当社は一切責任を負いません」という契約条項は、前述の債務不履行による損害賠償責任だけではなく、債務の履行に際してなされた不法行為による損害賠償責任についても全部

● 不法行為責任の免責特約 ……………………………………………

事業者	消費者契約	消費者

消費者契約上の債務の履行に際して、消費者に暴行を加えて
履行させた場合
⇒ 消費者は身体的損害について不法行為による損害賠償請求が可能

【契約条項】不法行為責任の免責特約

> 債務の履行に際しての不法行為責任の全部を免除する契約条項
> ⇒ 無効

〔無効例〕「いかなる事情による損害も当社は一切責任を負いません」

> 債務の履行に際しての不法行為責任の一部を免除する条項
> ⇒ 事業者の故意や重過失による不法行為責任を免除する場合は無効

〔無効例〕「事業者の損害賠償額は、故意や過失を問わず10万円を限度とする」

免除するものであり、無効です。

　さらに、消費者契約における事業者の債務の履行に際してなされた不法行為により消費者に生じた事業者の損害賠償責任の有無を、事業者が自ら決定できるとする契約条項も無効であると規定しています。

■ 故意・重過失がある場合の一部免責特約も無効である

　消費者契約における事業者の債務の履行に際してなされた故意もしくは重過失による不法行為により、消費者に生じた損害賠償責任の一部を免除する特約が無効であると規定しています。たとえば、「事業者の軽過失による不法行為に基づく損害賠償額は10万円を限度とする」という契約条項は、故意や重過失の場合について一部免除をしていないため、一部免責特約としては有効です。

　さらに、一部免責特約についても、事業者の損害賠償責任の限度を事業者が自ら決定できるとする契約条項が無効となります。

15 契約不適合責任の免責特約

契約不適合責任とは何か

　商品の売買契約を締結すると、売主は、買主に対して商品を引き渡す義務を負います。しかし、売主は商品を引き渡しさえすればよいわけではありません。たとえば、きちんと整備がされていることを前提として中古車の売買契約を締結した場合には、ブレーキの壊れた中古車をそのまま買主に引き渡しても、売主は中古車の引渡債務を完全に履行したとはいえません。買主は中古車が整備済みであることを前提に購入しているため、整備がなされていない中古車を引き渡す行為は、その品質が契約内容に適合していません。

　このように、引き渡された目的物が種類や品質に関して契約の内容に適合しないこと、つまり引き渡された目的物に欠陥があることを契約不適合といいます。この契約不適合は、前述した債務不履行のうち、不完全履行にあたると考えられています。

　そして、契約不適合による売主の買主に対する責任のことを契約不適合責任といいます。契約不適合責任に基づいて、買主は、民法が規定する一定の要件の下で、売主に対して、履行追完請求（目的物の修理や交換などを請求すること）、代金減額請求、損害賠償請求、契約の解除を行うことができます。

　消費者契約法では、消費者契約において事業者の契約不適合責任を免除する契約条項について、一定の制限を設けています。

契約不適合責任の免責特約に関する制限

　契約不適合責任も債務不履行責任の一種です。この点から、消費者契約法では、契約不適合責任の免責特約について、債務不履行責任の

● 契約不適合責任の免責特約

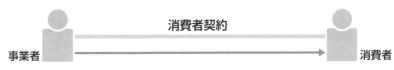

契約不適合責任の免責特約

「引き渡した商品に欠陥があっても、一切責任を負いません」

消費者契約法 事業者の損害賠償責任の全部免除条項、故意・重過失による事業者の損害賠償責任の一部免除条項などが無効

免責特約と同様に、無効になる条項について規定しています。具体的には、①事業者の契約不適合により消費者に生じた損害を賠償する責任の全部を免除する契約条項、②契約不適合により消費者に生じた損害を賠償する責任の有無を事業者が決定できるとする契約条項、③事業者の故意や重過失によって消費者に生じた損害を賠償する責任の一部を免除する契約条項、④契約不適合により消費者に生じた損害を賠償する責任の限度を事業者が決定できるとする契約条項、が無効になります。

ただし、契約不適合責任の免責特約には、以下の2つの例外があります。どちらも契約不適合により消費者が著しい不利益を受けないように、事業者が配慮を尽くした場合といえます。

まず、契約不適合がある場合に、事業者が履行の追完をする（修理や交換などをして契約の内容に適合するように債務を履行する）契約条項があるときや、消費者が支払う代金の減額に事業者が応じるとする契約条項があるときには、契約不適合責任の免責特約が有効になります。次に、消費者と事業者Aから委託を受けた事業者Bとの間の契約や、事業者Aと事業者Bとの間の消費者のためにする契約に基づいて、事業者Bが契約不適合責任を負うとされているときには、事業者Aが定めた契約不適合責任の免責特約が有効になります。

16 消費者の解除権放棄条項

どのような場合に問題になるのか

契約を締結する際に、「契約後のキャンセル、返品、返金、交換には一切応じられません」という内容の規定を設けることがあります。これは消費者の解除権放棄条項と呼ばれています。

売買契約の場合、売主が商品などの目的物を引き渡す義務を負うのに対して、買主は代金を支払う義務を負います。売主が目的物を引き渡さないため買主が他の者と売買契約を締結して同じ目的物を調達しても、買主が元の売買契約に基づく代金支払義務を免れるわけではありません。これを免れるには、元の売買契約を解除することが必要です。契約の解除権は、契約の拘束力から当事者を解放するための権利だといえます。

消費者契約の場合も同様に、事業者が契約に基づく義務（債務）を履行しないのであれば、消費者としては、契約を解除して別の事業者と契約を締結することを望むでしょう。しかし、消費者の解除権放棄条項が認められると、消費者が契約を解除できず、いつまでも代金支払義務を負い続けることになりかねません。

どのような規定が置かれているのか

消費者契約法は、消費者の解除権放棄条項が、一定の場合に無効になることを規定しています。具体的に、無効になる契約条項について、以下の2つを挙げています。

まず、①事業者の債務不履行（契約不適合責任を含みます）により生じた消費者の契約解除権を放棄させる条項は無効です。たとえば、「契約後のキャンセル、返品、返金、交換には一切応じられません」

● 解除権放棄条項に関する消費者契約法の規制 ·················

① 事業者の債務不履行により生じた消費者の解除権を放棄させる条項

【契約条項】
「契約後のキャンセル、返品、返金、交換には一切応じられません」
⇒ 消費者契約法により無効になる ＊解除権を放棄させている

----

② 事業者に解除権の有無を決定する権限を付与する条項

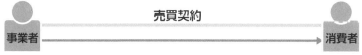

【契約条項】
「事業者が認めた場合のみ、契約後のキャンセルができます」
⇒ 消費者契約法により無効になる ＊事実上解除権を放棄させている

という条項は、事業者の債務不履行により生じる消費者の契約解除権を放棄させる条項として無効になります。

次に、②事業者が契約解除権の有無を決定する権限を持つ契約条項も無効です。消費者の契約解除権の有無を事業者に判断させるのを認めることは、事実上、解除権を放棄させるのと同様だからです。たとえば、「事業者が認めた場合のみ契約後のキャンセルができます」という条項が無効になります。

▍後見開始の審判などによる解除権付与条項の無効

令和元年施行の消費者契約法改正で、消費者の後見開始・保佐開始・補助開始の審判のみを理由とする契約解除権を事業者に対して付与する条項が無効となりました。ただし、後見開始の審判などを受けた消費者の状況を確認し、取引継続が困難といえる合理的理由がある際に、事業者が契約解除権を行使することは可能です。

17 違約金条項、損害賠償額を予定する条項

■ 違約金条項、損害賠償額を予定する条項とは

違約金条項、損害賠償額を予定する条項とは、消費者が負担する違約金や損害賠償額について、あらかじめ定めておく契約条項です。たとえば、「お客様の都合により本契約を解除する場合、商品代金の30％を違約金としてお支払いいただきます」と契約書に記載されている場合などが挙げられます。

消費者が消費者契約で定めた義務を履行しない場合や、消費者の都合で消費者契約を解除する場合には、事業者が不測の損害を受けることがあります。損害を受けた事業者は、消費者に対して損害賠償を請求することができます。損害賠償請求をするためには、事業者が、損害が発生した事実や、実際に発生した損害額を主張しなければならないのが原則です。しかし、違約金条項や損害賠償を予定する条項を設けている場合、事業者は、損害が発生した事実を主張すればよく、損害額を主張する必要がありません。消費者にとっても、違約金条項や損害賠償を予定する条項を定めておくことで、どの程度の責任を負う可能性があるのかを事前に知ることができるというメリットがあります。ただ、消費者の無知につけこんで、事業者が高額な違約金や予定賠償額を設定し、消費者に不利益を及ぼす危険性も否定できません。

■ 違約金条項、損害賠償額を予定する条項が無効になる場合

消費者契約法では、消費者契約の解除に伴う違約金条項や損害賠償を予定する条項に基づき、消費者が支払うことになる違約金や予定賠償額が、同じ種類の消費者契約における平均的な損害額を超える場合、その平均額を超える部分について、違約金条項や損害賠償を予定する

● 違約金条項、損害賠償を予定する条項 ‥‥‥‥‥‥‥‥

事業者　　　　　　　　　　　　　　　　　　　　消費者

商品の売買契約

【契約条項】

「お客様の都合により本契約を解除する場合、商品代金の30%を 違約金としてお支払いいただきます」

⇒ 契約解除に伴う違約金を定める条項

同じ種類の消費者契約における平均的な損害額を超える部分が無効になる

条項が無効になると規定しています。

　たとえば、車の売買契約の解除について平均的な損害額が売買代金の10%である場合に、売買代金の30%を予定賠償額として定めていたとします。この場合、平均的な損害額を超えた20%の部分について損害賠償額を予定する条項が無効になります。

　そして、違約金や予定賠償額が平均的な損害額といえるか否かは、解除の理由や時期などを考慮して判断します。たとえば、新車の売買契約を締結し、車の登録や消費者の注文に即したカスタマイズなどを済ませたが、引渡しの直前に消費者が売買契約を解除した場合には、違約金や予定賠償額がある程度高額であっても平均的な損害額と判断される可能性があります。しかし、契約締結の翌日に解除したときにも同額の違約金や予定賠償額が定められている場合には、平均的な損害額を超えたと判断され、その超えた部分が無効になる可能性が高いといえます。

　また、消費者が支払期日に金銭の支払いを怠った場合の違約金条項や損害賠償額を予定する条項は、支払期日に支払うべき額からすでに支払った額を控除した額に、年14.6%を乗じて計算した額を超えた部分が無効になると規定しています。

18 消費者の利益を一方的に害する条項

消費者の利益を一方的に害する条項とは何か

　消費者の利益を一方的に害する条項とは、それが設けられることによって、それがない場合に比べて、許容限度を超えて消費者の利益を侵害しているような契約条項をいいます。消費者契約法10条は、消費者の利益を一方的に害する条項の例として、「消費者の不作為をもって消費者が新たな消費者契約の申込み又はその承諾の意思表示をしたものとみなす条項」を挙げています。

　たとえば、事業者と消費者との間で、ある商品に関する使用貸借契約が締結されているとします。この場合は、消費者が商品を使用する際に、使用料を支払う必要がありません。しかし、契約条項の中に「一定期日内に商品を返還しなければ、その後は使用料が発生する」という内容が設けられていたとします。この内容は「商品を返還しない」という消費者の不作為によって、使用料の発生しない使用貸借契約から、使用料が発生する賃貸借契約へ切り替えることに消費者が承諾の意思表示をしたとみなしているものです。したがって、このような契約条項は、消費者の利益を一方的に侵害する条項にあたる可能性があります。

消費者の利益を一方的に害する条項は無効である

　消費者契約法は、消費者の利益を一方的に害する条項が無効になることを規定しています。消費者の利益を一方的に害する条項にあたるものとして、前述のとおり①消費者の不作為により消費者が新たな消費者契約の申込みや承諾の意思表示をしたとみなす条項があります。これに加えて、②消費者の権利を制限し、あるいは義務を加重する条

● 消費者の利益を一方的に害する条項 ……………………………

事業者　　　　　　　　　　　　　　　　　　　　消費者

健康食品を1箱分購入するという売買契約

【契約条項】

「契約締結後、購入者からの申し出がある場合を除き、
毎月1箱購入する定期売買契約に切り替えたとみなす」

⇒ 消費者の利益を一方的に害する条項として無効

＊消費者が何もしないと（不作為）、新たに定期売買契約
の申込みをしたとみなされる条項なので無効

項であって、民法が規定する信義誠実の原則（信義則）に反して消費者の利益を一方的に害するものも、消費者の利益を一方的に害する条項にあたると規定しています。

　消費者契約において消費者が不利に扱われる契約条項は、次々に新しい類型の条項が現れるため、法律による規制が後手に回ることがあります。消費者契約の契約条項は、おもに事業者が作成することから、無効になる契約条項を限定的に規定していると、消費者契約法の保護から漏れる消費者が生まれる可能性が生じます。そこで、消費者の利益を一方的に害する条項を無効とする規定、とくに前述した②の規定によって、広く消費者保護を図ろうとしています。

消費者の利益を一方的に害する条項の判断基準

　最高裁判所の判例は、前述した②の規定によって契約条項が無効となるか否かは、その契約条項の性質、契約成立に至る経緯、事業者と消費者との間に存在する情報の質・量や交渉力の格差などを総合考慮して判断すると考えています。たとえば、消費者がまったく予測できない権利の制限もしくは義務の加重が生じる契約条項は、その性質から無効になる可能性が高いといえます。

19 消費者団体訴訟

どんな制度なのか

　消費者団体訴訟制度とは、内閣総理大臣が認定した消費者団体が、個々の消費者に代わり、事業者に対して訴訟などができる制度です。たとえば、健康食品の消費者契約について、個々の消費者に代わり、消費者団体が事業者に対して、その健康食品の勧誘行為をしないことを求める訴えなどがあります。

　消費者が事業者から不当な勧誘を受けるなどして被害を受けている場合には、消費者が自ら事業者に対して訴訟の提起ができますが、個々の消費者が事業者に対して訴訟を提起するのは容易ではありません。消費者契約に関する紛争は、実際の被害額に比べて訴訟費用の方が高額になることもあります。

　さらに、1つの事業者と多数の消費者との間で同様の消費者契約を締結している場合には、1人の消費者が訴訟を提起して勝訴しても、同じ事業者から被害を受けた他の消費者の利益は回復されません。他の消費者も勝訴した消費者と同様に、訴訟を提起しなければなりません。これは事業者にとっても、同じ内容の訴訟に何度も応じなければならなくなる点で不利益といえます。

　そこで、消費者契約法などは、内閣総理大臣が認定した消費者団体に特別な権限を与えた上で、その消費者団体によって事業者と多数の消費者との間の紛争を解決できる制度を設けて、上記のような不都合を解消しようとしています。

　内閣総理大臣が認定した消費者団体は、消費者契約法に関する紛争だけでなく、特定商取引法、景品表示法、食品表示法に関する紛争も取り扱うことができます。特定商取引法、景品表示法、食品表示法に

● 消費者団体訴訟制度 ··

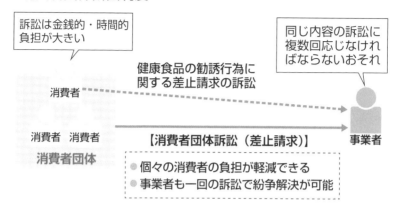

関する紛争も、事業者が多数の消費者との間で契約を締結している点や、実際の被害額に比べて訴訟費用が高額になることが多い点など、消費者契約法に関する紛争と似ている側面があるため、消費者団体訴訟制度の対象に含めています。

▌適格消費者団体とは

　適格消費者団体とは、内閣総理大臣の認定を受けた消費者団体です。内閣総理大臣の認定を受けるには申請をしなければなりません。内閣総理大臣は申請を受けると、消費者契約法が規定するさまざまな要件を満たす消費者団体を適格消費者団体として認定します。適格消費者団体として認定するための要件として、たとえば、①不特定多数の消費者の利益の擁護を図るための活動を主たる目的とし、現にその活動を相当期間継続して適正に行っていること、②消費生活や法律の専門家を確保していること、③差止請求のための組織体制や業務規程を適切に整備していること、などが挙げられます。

　適格消費者団体は、不特定多数の消費者の利益を擁護することを主たる目的としていますが、事業者に不当な不利益を負わせないという側面もあります。適格消費者団体でなくても自由に不特定多数の消費

者のために訴訟などができるとすれば、正しい情報に基づかない訴訟が提起されたり、事業者への脅しとして訴訟が利用されたりすることにもなりかねません。そこで、適格消費者団体だけが不特定多数の消費者のために訴訟などを行えるというしくみを採用して、このような不利益を防止しようとしています。

■ 差止請求の対象と手続

　適格消費者団体が事業者（受託者や代理人も含む）に対して行使できるのは、事業者への差止請求です。事業者が不特定多数の消費者に対して、消費者契約法、特定商取引法、景品表示法、食品表示法に違反する不当な行為を行っているか、これを行うおそれがあるときに差止請求ができます。具体的には、①行為の停止や予防、②行為に使用した物の破棄や除去、③その他の行為の停止や予防に必要な措置の請求ができます。しかし、適格消費者団体が事業者に対して損害賠償請求などを行うことはできません。

　そして、差止請求の対象となる不当な行為のうち、消費者契約法が規定するものとしては、不実告知、不利益事実の不告知、断定的判断の提供、不退去、退去妨害などの消費者取消権の対象となる勧誘行為や、解除権放棄条項、債務不履行責任の免責特約などの不当条項規制が含まれる契約の締結が挙げられます。

　差止請求の手続については、通常の民事訴訟と同様の手続に従います。適格消費者団体が差止請求を行うためには、裁判所に訴状の提出が必要です。ただし、適格消費者団体による差止請求は、不特定多数の消費者による紛争を早期に解決する目的があり、通常の民事訴訟とは異なる規定があります。たとえば、差止請求の訴訟を提起する場合は、事前に事業者に対して書面で請求しなければなりません。

被害回復裁判手続

　消費者団体訴訟は、事業者の勧誘行為や契約の締結の差止めを請求するのが基本です。これに対して、すでに被害を受けている相当多数の消費者を救済する場合には、消費者裁判手続特例法に基づく被害回復裁判手続を利用する必要があります。

　被害回復裁判手続は特定適格消費者団体だけが行うことができます。特定適格消費者団体は、適格消費者団体のうち、被害回復裁判手続を行えると内閣総理大臣から認定を受けた団体です。被害回復裁判手続は、①共通義務確認の訴え、②対象債権の確定手続という２段階の手続が定められています。

　①共通義務確認の訴えは、事業者に対して相当多数の消費者に共通して金銭支払義務があることの確認を求める訴えです。たとえば、事業者が消費者に同様の商品を販売し、同様の被害が生じている場合、事業者は、商品を購入した消費者に対して共通の損害賠償義務を負うため、このような損害賠償義務があることの確認を裁判所に求めます。共通義務確認の訴えは、個々の消費者から特定適格消費者団体が委託を受けなくても提起できます。特定適格消費者団体が勝訴すると、事業者は、消費者に対して共通の金銭支払義務を負うことが確定します。

　②対象債権の確定手続は、共通義務確認の訴えに勝訴した特定適格消費者団体が、消費者からの委託を受け、裁判所に消費者の債権を届け出ます。この届出の内容を事業者が認めると、事業者に対する消費者の債権が確定します。しかし、事業者が届出の内容を認めない場合には、特定適格消費者団体がした届出の内容について裁判所が判断します（簡易確定決定）。これに対して特定適格消費者団体と事業者のどちらからも異議申立てがなければ、簡易確定決定の内容をもって消費者の債権が確定します。

消費者契約法違反と取締役などへの責任追及

　株式会社の取締役などの役員は、役員としての地位にふさわしい注意を払って職務に取り組む義務（善管注意義務）とともに、職務に忠実に取り組む義務（忠実義務）を負っています。そのため、役員などが消費者契約法に違反した場合には、善管注意義務や忠実義務に違反したと評価することができます。

　たとえば、取締役の指揮の下で、販売する商品に消費者にとって不利益な事実があることを知りながら、それを消費者に伝えずに商品の売買契約を締結していたとします。このような取締役の行為は、消費者契約法が規定する不利益事実の不告知にあたります。そのため、取締役の行為は善管注意義務や忠実義務違反にあたりますので、株式会社が責任を追及することができます。株式会社が責任追及を行わない場合には、株主が株主代表訴訟（責任追及等の訴え）を提起して責任を追及することも可能です。

　前述の例で、取締役が行った不利益事実の不告知により、消費者が損害を被る場合があります。この場合、会社法は、取締役などの役員の第三者に対する責任について規定を設けています。

　具体的には、役員などが職務を遂行する際に、意図的に（悪意）あるいは、重大な落ち度（重過失）によって、第三者に損害を与えた場合には、その第三者に対して損害賠償責任を負うと規定しています。なお、役員などの第三者に対する損害賠償責任は、役員などの行為によって、第三者が直接的に損害を被った場合（直接損害）の他に、株式会社に損害を与える行為によって、結果的に第三者が損害を被った場合（間接損害）も対象に含まれます。

　したがって、前述の例で、取締役の指揮の下での不利益事実の不告知によって消費者が損害を被った場合には、取締役は、第三者に対する責任として、消費者が被った損害の賠償責任を負います。

第3章

特定商取引法の
しくみ

図解 特定商取引法のしくみ

特定商取引法とは

　消費者契約の中には、事業者が消費者の自宅に訪れて商品の販売などを行う場合があります。この場合は、消費者が事業者の店舗に行き、商品などを購入する場合に比べて、契約締結の有無や、商品や役務（サービス）などの内容に関して、冷静な判断を下すことが困難であるという特徴があります。

　そこで、特定商取引法は、消費者にとって不意打ちになりやすい契約を「特定商取引」として類型化を図り、消費者を保護するために事業者に対する必要な規制を設けています。

● 特定商取引法の基本構造

【特定商取引法の条文構造】：全7章（全76条）から構成されている

第1章 総則　　　　　　　第2章 訪問販売・通信販売・電話勧誘販売
第3章 連鎖販売取引　　　第4章 特定継続的役務提供
第5章 業務提供誘引販売取引　　　第5章の2 訪問購入
第5章の3 差止請求権　　　　　第6章 雑則　　　　　　第7章 罰則

特定商取引法の規制対象に含まれる7つの【特定商取引】

① 訪問販売に関する取引

消費者の自宅などに訪問して商品を購入させる場合など

② 通信販売に関する取引

事業者が出した商品の広告を見て、消費者が商品を購入する場合など

③ 電話勧誘販売に関する取引

電話で勧誘して消費者に商品を購入させる場合など

④ 連鎖販売取引

消費者に販売員を次々に勧誘させる形で、組織を連鎖的に拡大して行う商品の販売

⑤ 特定継続的役務提供に関する取引

エステや学習塾などの継続的なサービスの提供

⑥ 業務提供誘引販売取引

仕事のあっせんに伴う、その仕事に使用する商品の販売など

⑦ 訪問購入に関する取引

貴金属の押し買いなど

● 特定商取引法のおもな規制

	規　制	おもな内容
お も な 義 務 ・ 禁 止 事 項	氏名などの明示義務	事業者の氏名・名称の明示など
	不当な勧誘行為の禁止	不実告知 重要事項の故意による不告知 消費者を威迫・困惑させる勧誘行為　など
	広告規制	虚偽・誇大広告の禁止　など
	書面の交付義務	申込書面・契約書面などの交付義務
	業務停止命令など	違反行為に対する業務停止・禁止命令　など
契 約 の 効 力 に 関 す る 規 制 な ど	クーリング・オフ制度	消費者の書面受領日から8日間（あるいは20日間）の無条件での申込撤回権・契約解除権
	過量販売解除権	訪問販売・電話勧誘販売における過量販売に対する解除権
	返品制度	通信販売に関する8日間の契約解除権
	中途解約権	特定継続的役務提供・連鎖販売取引に関する契約途中の解約権
	取消権	不実告知などの違反行為に対する契約の取消権
	引渡拒絶権	訪問購入に関するクーリング・オフ期間中において物品の引渡しを拒絶できる権利
	損害賠償義務の制限	契約の解除があった場合における消費者の損害賠償義務（損害賠償額など）の制限
	適格消費者団体の差止請求	不実告知などの違反行為に対する差止請求 （差止めを求める訴訟の提起も可能）

1 特定商取引法の目的と規制

どんな法律なのか

　特定商取引法は、消費者と事業者の間でトラブルが多い取引をピックアップして、その取引をするにあたって、とくに事業者が遵守しなければならないルールを定めている法律です。

　事業者の多くは、消費者への商品の販売やサービス（役務）の提供などを通じて利益を上げようとしています。現代では、事業者が利益を上げるために効果的な手法を用いる結果として、さまざまな取引の手法が生まれ、取引の内容も複雑化しています。

　さらに、メディアの発展は、事業者と消費者との取引に大きな影響を与えました。たとえば、商品を宣伝する手法である広告の媒体は、以前から存在する新聞、雑誌、郵便物、テレビ、ラジオだけでなく、インターネットや電子メールなどにも広がっています。このようにさまざまな媒体に広告を出すことで、新発売の商品やサービスなどを、より容易に消費者に伝えることが可能になっています。また、実際の取引についても、事業者と消費者が直接会わずに行われることがあります。たとえば、電話を通じた取引の他、最近ではインターネットを通じた取引も行うことができるようになっています。

　経済が発展していくためには、さまざまな取引が行われ、消費が促されることは重要です。しかし、取引の手法が多様化すればするほど、消費者による誤解などからトラブルに発展することが多くなります。事業者の中には、取引を複雑にして消費者をだましてでも利益を上げようとする悪質な事業者が出てくるようになりました。特定商取引法は、公平な取引を実現し、消費者の利益を保護することを目的にして、さまざまな規定を設けています。

● 特定商取引の種類 ....

特定商取引の種類	取引の形態
① 訪問販売	事業者が消費者の自宅に訪問し、商品の購入などを勧誘する形態の取引など
② 通信販売	事業者が新聞やインターネットなどに商品などの広告を出し、消費者から電話・郵便・インターネットなどで契約の申込みを受ける形態の取引
③ 電話勧誘販売	事業者が消費者に電話をかけ、商品の購入などを勧誘し、消費者が契約の申込みをする形態の取引
④ 連鎖販売取引	事業者が消費者に商品を販売し、購入した消費者は会員となり、他の消費者にその商品を販売できる形態の取引
⑤ 特定継続的役務提供	長期に継続する契約についての取引
⑥ 業務提供誘引販売取引	報酬が得られるとして消費者を勧誘し、そのために必要な商品を購入させる取引
⑦ 訪問購入	事業者が消費者の自宅に訪れ、消費者が所有する物品を購入する形態の取引

▌特定商取引の種類

　特定商取引法が特定商取引と規定しているものには、以下の7つの種類の取引があります。

① 訪問販売

　訪問販売とは、事業者が消費者の自宅などに訪問し、商品の購入などを勧誘する形態の取引です。たとえば、事業者が消費者の自宅に押しかけて、商品の購入を勧める場合（押売り）などがあてはまります。その他、事業者が消費者に路上で声をかけ、その事業者の営業所などに連れていき、商品の購入などを勧誘する形態の取引（キャッチセールス）なども訪問販売にあたります。

② 　通信販売

　通信販売とは、事業者が新聞やインターネットなどに商品などの広告を出し、消費者から電話・郵便・インターネットなどを通じて、商品などの購入に関する契約の申込みを受ける形態の取引です。通信販売は、消費者が商品などを購入する際、実物を確認できないことが、おもなトラブルの原因になります。

③ 　電話勧誘販売

　電話勧誘販売とは、事業者が消費者に電話をかけるなどして、商品の購入などを勧誘し、消費者が契約の申込みをする形態の取引です。電話で勧誘をした後、消費者が郵便や電話などで申込みを行う場合も電話勧誘販売に含まれます。電話勧誘販売は、自宅などに突然電話がかかってくるため、消費者が冷静に判断できなくなることが、おもなトラブルの原因になります。

④ 　連鎖販売取引

　連鎖販売取引とは、事業者が消費者に商品を販売し、購入した消費者が会員として、他の消費者にその商品を販売する形態の取引です。マルチ商法とも呼ばれます。連鎖販売取引は、利益を得られると消費者を勧誘するため、消費者が冷静にデメリットを考慮できなくなることが、おもなトラブルの原因になります。

⑤ 　特定継続的役務提供

　特定継続的役務提供とは、エステや語学教室など、長期に継続するサービス（役務）に関する取引です。問題になるケースとして、契約時に説明されたサービスと実際に提供されるサービスとが異なる場合などがあります。

⑥ 　業務提供誘引販売取引

　業務提供誘引販売取引とは、事業者が販売する商品やサービスを利用して消費者が業務を行うことで、消費者の利益になると勧誘し、その業務に使用する商品やサービス料などを消費者に負担させる取引で

す。たとえば、ホームページを作成すると報酬が得られると消費者を勧誘し、事業者がホームページの作成に必要なソフトが入ったパソコンを購入させる場合などが挙げられます。しかし、消費者が報酬を得るには一定の技術が必要で、思うような利益を得られずにトラブルになることがあります。

⑦　訪問購入

訪問購入とは、事業者が消費者の自宅に訪れ、消費者が所有する物品を買い受ける形態の取引です。問題になるケースとして、事業者が消費者の自宅に突然訪問し、高価な貴金属などを著しく安い価格で買い受ける場合などが挙げられます。

多くの特定商取引に共通する規制

多くの特定商取引に共通する規制として、勧誘目的の明示、契約書面の交付、誇大広告等の禁止、クーリング・オフ、不当な勧誘行為やクーリング・オフの妨害行為の禁止などがあります。

とくに重要な規制はクーリング・オフです。クーリング・オフとは、契約締結後、一定の期間に限り、無条件で消費者が契約を解除できる制度です。消費者が契約を解除するためには、事業者に債務不履行があるなど、解除の理由が必要になるのが原則です。しかし、クーリング・オフの場合は、解除の理由がなくても、無条件で契約を解除できる点に特徴があります。

クーリング・オフが認められる理由は、契約締結時点で、消費者が冷静にメリット・デメリットを検討できないまま、契約の締結に至ってしまうおそれがあるためです。消費者と事業者との間には情報の質・量や交渉力に格差があるため、消費者は判断を誤ってしまうことがあります。そこで、特定商取引法では、クーリング・オフを導入し、消費者に対して、契約締結後、必要な契約であったのか否かを冷静に判断するチャンスを与えています。

2 訪問販売

訪問販売とは

　訪問販売とは、事業者が消費者の自宅などに訪問し、商品や特定権利（⇨ P.80）を販売するか、役務の提供を行う取引です。特定商取引法が規定する訪問販売は、以下の2つに分類されています。

　まず、①営業所以外の場所で、売買契約の申込みをするか、売買契約を締結する取引が訪問販売にあたります。たとえば、セールスマンが消費者の自宅へ行き、商品の販売について取引を行う場合などが、この類型の訪問販売にあたります。

　次に、②特定顧客（後述）が売買契約の申込みをするか、特定顧客との間で売買契約を締結する取引が訪問販売にあたります。たとえば、路上などの営業所以外の場所で消費者を呼び止め、営業所に同行させ、営業所内で商品の販売について取引を行う場合などが、この類型の訪問販売にあたります。

　なお、特定商取引法では、消費者との間で取引を行う事業者を「販売業者」「役務提供事業者」と規定しています。販売業者は商品や権利を販売する事業者を指し、役務提供事業者はサービスなどの役務の提供を行う事業者を指します。これに対して、特定商取引法における消費者は、事業者から商品や権利を購入したり、役務の提供を受けたりします。そのため、特定商取引法では、消費者のことを「購入者等」と規定しています。

特定顧客とは

　訪問販売における「特定顧客」とは、以下の3つのいずれかにあてはまる消費者を指します。

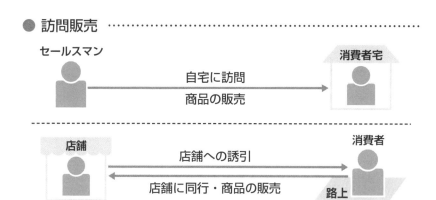

● 訪問販売 ‥‥‥‥‥‥‥‥‥‥‥‥‥‥‥‥‥‥‥‥‥‥‥‥‥‥‥

① 事業者が路上などの営業所以外の場所において呼び止めて営業所に同行させた者

② 事業者が契約の締結について勧誘をするためのものであることを告げず、特定の場所への来訪を要請したことに応じ、その特定の場所に誘引された者

③ 事業者が他人に比べて著しく有利な条件で契約を締結できることを告げ、特定の場所への来訪を要請したことに応じ、その特定の場所に誘引された者

　以上の３つの類型のうち、①はキャッチセールス、②③はアポイントメントセールスを規制するものです。③の類型で消費者を誘引する方法は、電話、郵便、信書便、電報、FAX、電磁的方法（電子メールやSNSなど）、住居への訪問が規制対象に含まれています。これに対して、②の類型で消費者を誘引する方法は、③の規制対象に加えて、ビラ・パンフレットの配布、拡声器での呼びかけも規制対象に含まれています。

なぜ訪問販売に対して規制を設けるのか

　特定商取引法が訪問販売について規制を設けるのは、通常の店舗における取引に比べて、消費者の利益を損なう可能性が高いからです。

事業者と消費者の間には、情報の質・量や交渉力に格差があるため、事業者が適切な情報提供や勧誘行為を行わず、消費者が慎重な判断を欠いて取引をすることがあります。

たとえば、事業者のセールスマンが消費者の自宅に訪問し、商品の購入を勧誘したとします。消費者は、契約を締結しなければセールスマンが帰ってくれないと考えて、早く帰ってもらうために必要のない商品を購入することがあります。また、消費者が路上にいる客引き（いわゆるキャッチ）に勧誘されて店舗に案内された場合には、案内してもらったからには何か商品を購入しないと帰ることができないと考えて、必要のない商品を購入することもあります。

このような場合に、消費者に再考の余地を与えるため、訪問販売に対する規制を設けているのです。

すべての商品や役務が規制対象になるのが原則

訪問販売においては、すべての商品や役務が規制対象となるのが原則です。かつては、訪問販売についても、割賦販売法が規定する一部の取引と同様に、指定制度が採られていました。指定制度とは、政令で指定する商品・役務・権利に関する取引のみを規制対象に含めるという制度です。

しかし、消費者がどの商品や役務が規制対象なのかを知ることは困難です。実際の取引の場面では、さまざまな商品や役務が取引の対象になっているため、指定制度によると消費者にとって適正な取引を確保することが困難だといえます。現在では、訪問販売を含めて、すべての特定商取引において指定制度を撤廃しています。

権利については特定権利のみが規制対象になる

商品や役務については、すべての商品や役務が訪問販売の規制対象に含まれます。しかし、権利については、訪問販売の規制対象に含ま

れるのは「特定権利」に限定されています。特定権利にあてはまる権利は、以下の３つです。

① 施設を利用したり、役務の提供を受けたりする権利のうち、国民の日常生活に関する取引において販売されるものであって政令で定めるもの

② 社債その他の金銭債権

③ 株式会社の株式、持分会社の社員の持分など

①に含まれる権利は、政令によって、保養施設やスポーツ施設を利用する権利（会員権）、映画・演劇・音楽・スポーツ・写真・絵画・彫刻などを鑑賞・観覧する権利（チケット）、語学の教授を受ける権利が規定されています。

■ 訪問販売にあたらない場合とは

訪問販売にあたるのは、営業所以外の場所での売買契約の申込みやその締結に関する取引と、特定顧客との売買契約の申込みやその締結に関する取引の２つです。

「営業所以外の場所」とは、営業所や代理店、その他の主務省令（経済産業省令など）で定める場所とは異なる場所を指します。

営業所とは、事業者が営業を行っている店舗などを指します。そのため、事業者が店舗に自ら来た消費者に商品の購入を勧誘しても、訪問販売にはあたりません。

代理店とは、事業者のために取引の代理をする店舗などを指します。たとえば、化粧品メーカーが経営していない店舗で、その化粧品メーカーの化粧品を販売する場合、その店舗が代理店にあたります。一回限りの代理で取引するだけでは代理店にはあたらず、原則として、日常的に繰り返して商品を代理で販売する必要があります。

そして、露店や屋台などの店舗は「その他の主務省令で定める場所」にあたります。

3 訪問販売に対する規制

▌事業者はどのような義務を負っているのか

　事業者は、訪問販売を行う際に一定の義務を負います。訪問販売は、事業者が消費者に対して購入を誘引するという性質があり、消費者が不利益を受けるおそれが高いためです。特定商取引法では、事業者に一定の義務を課すことで、訪問販売による公正な取引を確保し、トラブルを防止しようとしています。

　訪問販売における事業者の義務には、①事業者の名称（氏名）、商品などの種類、勧誘目的を明示する義務と、②取引内容などに関する一定の事項を記載した書面を交付する義務があります。

① 事業者の名称、商品などの種類、勧誘目的の明示

　訪問販売にあたる取引には、販売員が消費者の自宅を訪問して契約を締結する場合や、路上などで勧誘した消費者を営業所に同行させて契約を締結する場合（キャッチセールス）などがあります。いずれも消費者が契約の締結を望んで自発的に営業所に出向いたわけではないため、消費者は、どの事業者との間で、どのような商品などの契約を締結するのかを十分に把握していないおそれがあります。また、事業者が悪質業者であっても、消費者がそれを調査できず、安全な事業者と誤解する可能性もあります。

　そこで、特定商取引法では、事業者に対して、事業者の名称（氏名）、商品などの種類（商品名など）、勧誘目的であることを消費者に明示することを義務づけています。これらは書面で明示する必要はなく、口頭でもかまいません。事業者の名称は、会社の通称や略称だけでは足りず、正式な会社の名称（商業登記簿に登記されている会社の名称）を伝える必要があります。

● 訪問販売のおもな禁止行為 ··

訪問販売のおもな禁止行為

1 不実の告知
事業者が消費者に対して事実と異なる説明をし、商品の購入などを勧誘する行為

2 故意による事実の不告知
消費者が不利になる事実を事業者が知りながら、わざと消費者に伝えずに商品の購入などを勧誘する行為

3 威迫行為
契約を締結させたり、契約の申込みの撤回や契約の解除を妨げたりするため、消費者を威迫して困惑させる行為

4 勧誘目的を隠す行為
勧誘目的を告げずに誘引した消費者に対して、公衆の出入りしない場所で契約の締結を勧誘する行為

5 債務の履行拒否・不当な遅延
商品の引渡しなどを正当な理由なく拒否したり、商品の引渡しなどを不当に遅らせたりする行為

6 迷惑を覚えさせる仕方の勧誘
夜間の勧誘、長時間にわたる勧誘

7 再勧誘
一度契約するのを拒否された商品・特定権利・役務について、再度契約するための交渉を行うこと

② 取引内容などに関する一定の事項を記載した書面の交付

　事業者は、取引内容などを明らかにするのに必要な一定の事項を記載した書面を、消費者に交付する義務を負います。後述するように、申込書面や契約書面とも呼ばれているものです。取引内容などに関する書面が交付されることで、どのような契約の申込みや契約の締結をしたのかが明確になり、後からのトラブル発生を防止する効果が期待されています。

　消費者に交付する書面に記載する事項は、商品・特定権利・役務の種類、商品の場合はその型式・数量、販売価格、代金の支払方法・時

期、商品引渡し・権利移転・役務提供の時期、クーリング・オフなど
です。とくにクーリング・オフとの関係で、書面の交付は重要です。
クーリング・オフの行使期間は、申込書面あるいは契約書面が交付さ
れた日から起算して8日間で、交付しないとクーリング・オフをいつ
でも行使できる状態になるからです。

　消費者に交付する書面を作成するときは、一定の大きさ以上の文
字・数字を使用しなければなりません。一定の大きさ未満の文字・数
字を使用した書面を交付しても、書面を交付したことにはなりません。
さらに、交付する書面には、消費者への注意事項として、書面内容を
よく読むべきことや、クーリング・オフの事項を赤字で記載し、赤枠
で囲う必要があります。

　消費者に交付する書面は、申込書面と契約書面に分けられます。申
込書面は消費者が契約の締結を申し込んだ内容を記載した書面である
のに対し、契約書面は締結した契約の内容を記載した書面です。申込
書面と契約書面は内容が同じことが多いのですが、申込みをした内容
と実際に締結された契約の内容が違っていないかを消費者が確認でき
るようにするため、契約書面の他に申込書面の交付を必要としていま
す。申込書面は申込み後、直ちに交付する必要があるのに対し、契約
書面は3〜4日以内に交付する必要があります。したがって、消費者
の申込み後、会社に戻ってから申込書面を作成・交付することは特定
商取引法違反となります。

　ただし、契約締結時に商品の引渡しと代金の支払いを同時に行う現
金取引の場合は、契約締結後、直ちに契約書面を交付すればよく、申
込書面の交付は不要です。現金取引は後払いでないため、代金の支払
方法・時期や商品引渡しの時期の記載は不要です。

　事業者が書面交付義務に違反した場合には、経済産業省大臣などの
主務大臣から業務改善指示、業務停止命令、業務禁止命令を受けるお
それがある他、罰則の対象となるおそれもあります。

訪問販売における事業者の禁止行為

　特定商取引法では、事業者の不当な勧誘行為により消費者が取引内容を誤解するなどによってトラブルが発生するのを防ぐため、訪問販売についての事業者の禁止行為を規定しています。禁止行為をした場合には、経済産業大臣などの主務大臣から業務改善指示、業務停止命令、業務禁止命令を受けるおそれがある他、禁止行為をした従業員を含めて罰則の対象になるおそれもあります。

　特定商取引法が規定する事業者のおもな禁止行為として、①不実の告知、②故意による事実の不告知、③威迫行為、④勧誘目的を隠す行為、⑤債務の履行拒否・不当な遅延、⑥迷惑を覚えさせる仕方の勧誘、⑦再勧誘を挙げることができます。

①　不実の告知

　事業者が、消費者に事実と異なる内容を告げて、商品の購入などを勧誘したり、契約の申込みの撤回や契約の解除を妨げたりする行為です。ここでの「事実」は、消費者の判断に影響を及ぼす重要なものが含まれます。たとえば、事業者が「（本当は中古品なのに）この商品は新品である」「この契約はクーリング・オフができない」と消費者に告げる場合などが挙げられます。

②　故意による事実の不告知

　事業者が、消費者にとって不利になる事実があることを知りながら、わざと消費者に伝えることなく、商品の購入などを勧誘する行為です。ここでの「事実」も、消費者の判断に影響を及ぼす重要なものが含まれます。たとえば、ある商品について数回の使用で故障する可能性があることを知りつつも、わざと消費者に伝えずに、その商品を購入させる場合などが挙げられます。

③　威迫行為

　事業者が、契約を締結させたり、契約の申込みの撤回や契約の解除を妨げたりするため、消費者を威迫（威圧・圧迫すること）して困惑

させる行為です。

④　勧誘目的を隠す行為

　　勧誘目的を告げずに誘引した消費者に対して、公衆の出入りしない場所（不特定多数の人が自由に出入りすることが想定されていない場所のこと）で、契約の締結について勧誘する行為です。

⑤　債務の履行拒否・不当な遅延

　　事業者が、商品の引渡しなどを正当な理由なく拒否し、あるいは商品の引渡しなどを不当に遅らせることです。たとえば、事業者がクーリング・オフの行使期間が経過するまで商品を引き渡さず、行使期間の経過後に商品を引き渡すことで、消費者がクーリング・オフを行使できない状態を作り出すことが禁止されます。

⑥　迷惑を覚えさせる仕方の勧誘

　　具体的には、正当な理由なく、夜間に勧誘することや、長時間にわたって勧誘することなどがあてはまります。

⑦　再勧誘

　　訪問販売にあたる契約を締結しないとの意思表示をした消費者に対して、その契約の締結について再び勧誘することです。事業者に対しては、訪問販売の勧誘に先立ち、消費者に勧誘を受ける意思があることを確認するよう努めることも要求しています。

　　再勧誘として禁止されるのは、消費者が契約の締結を拒否したものと同じ商品などの契約についての勧誘行為です。たとえば、A商品について契約の締結を拒否された事業者が、B商品について勧誘することは再勧誘にあたりません。しかし、消費者が契約の締結を拒否したA商品について、別の事業者が勧誘をすることは再勧誘にあたります。

　　なお、事業者が同じ商品などについて再び勧誘したことのすべてが再勧誘にあたるわけではありません。消費者が契約の締結を拒否してから相当期間を経過すれば、同じ商品などについて再び勧誘しても再勧誘にあたらなくなります。

クーリング・オフは8日間である

　消費者は、前述の禁止行為にあたるか否かを問わず、事業者の訪問販売により契約の申込みやその承諾をした場合には、クーリング・オフができます。クーリング・オフの行使期間は、事業者から申込書面もしくは契約書面を受領した日から8日間です。期間の計算については、一般的には初日を算入しないとの原則があります（初日不算入の原則）が、クーリング・オフの行使期間の計算では、初日（申込書面・契約書面の受領日）も算入します。たとえば、1月4日に契約書面を受け取った場合、クーリング・オフを行使できるのは1月11日までになります。

　クーリング・オフは8日以内に書面を発送すればよく、書面が8日以内に事業者の元へ到達する必要はありません。クーリング・オフの行使は書面によることが必要で、口頭によるクーリング・オフは認められません。

　なお、クーリング・オフの行使期間の経過後も、消費者は、追認できる時（不実の告知などがあったことを知った時）から1年以内であれば、不実の告知や故意による事実の不告知を理由とする取消権を行使できます。

損害賠償額には上限がある

　クーリング・オフの行使期間が経過した後、消費者の債務不履行を理由に契約が解除される場合、事業者は、消費者に対して損害賠償請求ができます。もっとも、損害賠償額には上限があります。たとえば、契約の解除後に消費者から商品が事業者に返還された場合には、解除されるまでの期間における商品の使用料相当額が、消費者に請求できる損害賠償額の上限になります。

4 過量販売解除権

過量販売とは

　過量販売とは、通常必要とされる分量を著しく超える商品の購入などについての契約です。トラブルになる典型的なケースとして、事業者の販売員が消費者の自宅に訪問し、不要な商品を大量に購入させる場合が挙げられます。過量販売の規制は、このような必要以上の取引を抑止することを目的としています。

　過量販売の類型は、①1回で通常必要とされる分量を著しく超える商品の購入などの契約、②複数回にわたる同種の商品の購入などの契約（次々販売）によって、以後は通常必要とされる分量を著しく超えることとなる時点における契約、③商品などが通常必要とされる分量を著しく超える状態における、同種の商品の購入などの契約、という3つに分けることができます。ここで「通常必要となる分量を著しく超える」といえるかどうかは、商品・特定権利・役務の内容や種類、消費者の生活水準や環境などを総合的に考慮して判断します。

過量販売解除権を行使できる場合

　特定商取引法では、消費者が事業者から商品や特定権利を購入するか、役務の提供を受ける契約が、訪問販売や電話勧誘販売による過量販売にあたる場合には、消費者は、契約締結日から1年間に限り、契約の申込みの撤回や契約の解除ができると規定しています。これを過量販売解除権といいます。「契約締結後の解除は一切認められません」といった過量販売解除権を制限する契約条項は無効です。過量販売解除権を書面で行使することは要求されていませんが、一般には書面によって行使します。

● 過量販売とは

過量販売

通常必要とされる分量を著しく超える商品や特定権利を購入する契約
通常必要とされる回数・分量・期間を著しく超える役務を提供する契約

「たくさん買うと安くなるよ」などと勧誘

⇒ 商品などを大量に販売する

事業者　　　　　　　　　　　　　　　　　　　　　　　　　　消費者

過量販売にあたる場合

① 一度の契約で著しく分量を超える商品の購入などをさせる
② 次々販売によって、著しく分量を超える商品の購入など
　 をさせる
③ すでに商品などが通常必要とされる分量を著しく超える
　 状態なのに、同種の商品などを購入させる

　過量販売が訪問販売や電話勧誘販売により行われた場合、消費者はクーリング・オフも行使可能ですが、その行使期間は契約締結日を含めた8日間に限られています。しかし、クーリング・オフの行使期間が経過しても過量販売解除権は消滅しません。

　ただし、消費者が過量販売解除権を行使して申込みの撤回または契約の解除を行う際には、通常必要となる分量を著しく超える状態（過量状態）であることを事業者が知っていることが必要となる場合があります。具体的には、上図の①のように一度の契約で過量状態となる場合は、事業者が過量であることを知らなくても、消費者は申込みの撤回または契約の解除ができます。しかし、上図の②③の場合は、事業者が過量であることを知っていないと、消費者は申込みの撤回または契約の解除ができないことになります。

5 通信販売

通信販売とは

　通信販売とは、消費者が事業者の提供するカタログ、新聞に掲載した広告、テレビの通販番組、インターネット上のサイトなどを見てから、電話、郵便、インターネット上のサイトなどを経由して商品の購入などを申し込む形態の取引です。

　通信販売については、消費者が事業者から直接的な勧誘を受けることなく、自発的に通信手段を用いて契約の申込みをしている点に特徴があります。これに対して、事業者が消費者に電話をかけて商品の購入などを勧誘し、勧誘を受けた消費者が商品の購入などをする形態の取引は、自発的な契約の申込みではないため、通信販売ではなく、後述する電話勧誘販売にあたります。

　特定商取引法の通信販売として規制対象に含まれるのは、すべての商品・役務および特定権利です。従来は、通信販売も指定制度が採用されており、政令により指定された商品・役務・権利のみが規制対象とされていました。しかし、インターネットの普及により、商品などがさまざまな媒体を通じて販売されるようになりました。そこで、消費者トラブルが生じた場合に、指定制度では適切な規制をするのが難しいことから、指定制度を撤廃して、すべての商品や役務を通信販売の規制対象に含めています。

　ただし、通信販売においても、権利については特定権利のみが規制対象とされています。特定権利にあたる権利の内容は、訪問販売の規制対象である特定権利と共通しています。もっとも、特定権利の制度を採用することで、従来の指定権利よりも規制対象は拡大されています。

● 通信販売とは

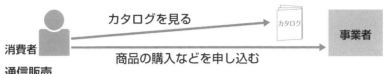

通信販売

消費者が事業者の提供するカタログ、新聞広告、通販番組、ウェブサイトなどを見てから、電話、郵便、ウェブサイトなどを経由し、商品の購入などを申し込む形態の取引

どのような場合に問題となるのか

　通信販売は、いつでも自宅で商品の購入などができるというメリットがあります。たとえば、パソコンやスマートフォンでインターネットを利用すると、店舗に行かなくても、自分の欲しい商品を検索することができ、すぐにその商品を購入できます。通信販売は消費者にとって利便性が高い取引といえます。

　さらに、都心部に人口が集中する現代において、通信販売は重要な意味を持っています。もし通信販売がなければ、商品を取り扱っている都心部の店舗に行かないと、消費者は、その商品を購入できないケースが多いといえます。しかし、通信販売が可能になった現在では、郊外の地域などに住む消費者も、店舗に行くことなく欲しい商品を簡単に購入できます。

　通信販売のメリットは、消費者だけでなく事業者にもあります。たとえば、インターネットを利用して商品を販売する場合、事業者としては24時間いつでも販売できるため、1日中、利益を上げるチャンスを持っています。また、通信販売によって店舗を持つことなく商品などの販売が可能になるため、事業者は、従業員の人件費や店舗の賃料などのコストも軽減できます。いつ消費者が来店してもいいように準備しなければならない店舗とは異なり、通信販売ではそのような準備も不要です。

その反面、通信販売の最大のデメリットとして、消費者が実際に商品を手に取って確認できない点が挙げられます。そのため、通信販売において商品を購入し、それが届けられた時点で、消費者が思っていた商品とは異なると感じることがあります。また、消費者が思っていた用途で使用できないこともあり、それがトラブルに発展するケースもあります。

■ クーリング・オフ制度の代わりに返品制度がある

　通信販売は、他の特定商取引とは異なり、クーリング・オフ制度が設けられていません。クーリング・オフは、事業者から勧誘を受けて契約の申込みやその承諾をした消費者に対して、その契約の是非について慎重な判断をする期間を与えるための制度だといえます。しかし、特定商取引法が通信販売として規定している取引の形態は、消費者が事業者から直接的な勧誘を受けることなく、冷静に慎重な判断を行える状況下での取引が想定されています。そのため、クーリング・オフを認める必要性が少ないとの判断から、クーリング・オフ制度が設けられていません。

　ただし、消費者が慎重に判断をしているといっても、通信販売では、消費者が購入前に商品を手に取ることができないことから、購入後にトラブルになることがあります。

　そこで、特定商取引法は、通信販売だけの制度として、返品制度を設けています。返品制度とは、通信販売で購入した商品や特定権利について、商品の到着日や権利の移転日から起算して8日以内であれば、原則として、消費者が商品や特定権利に関する契約の申込みを撤回したり、いったん締結した契約を解除することができる制度です。

　返品制度とクーリング・オフ制度との大きな違いとして、返品（商品の引き取り）や権利の返還に要する費用は、事業者が負担することを明示している場合を除き、事業者ではなく消費者が負担することが

● **クーリング・オフ制度がない通信販売の返品制度** …………

【通信販売】

消費者 ← 商品 ← 事業者

● **消費者はクーリング・オフを行使することができない**

⇒通信販売では、消費者が冷静に慎重な判断が行える状況下
での取引が想定されている

しかし、購入前に商品を手に取ることができない通信販売では、
購入後にトラブルになることがある

【返品制度】 商品の到着日や権利の移転日から起算して8日以内で
あれば、消費者が申込みの撤回や契約解除ができる

挙げられます。

　もう一つの違いとして、返品や権利の返還を認めない特約や、返品
や権利の返還の期間を短くする特約などを、事業者があらかじめ設け
ることができる点が挙げられます。たとえば、通信販売の事業者が、
あらかじめ「返品はできません」と明示していた場合には、消費者は、
購入後の返品ができないことになります。

　なお、事業者が返品や権利の返還を認めない特約を設けているか否
かを問わず、商品に欠陥があり使用できないなど、事業者に債務不履
行（契約不適合など）がある場合には、消費者は、契約を解除して返
品や権利の返還をすることができます。

通信販売に関して特定商取引法の適用が除外される場合

　通信販売に関して、①事業者間の通信販売の場合、②消費者が海外
在住の場合、③他の法律により消費者保護が図られている場合などは、
特定商取引法の規制の適用が除外されます。この点については、前述
した訪問販売でも共通しています。

6 通信販売に対する規制

広告表示事項とは何か

　特定商取引法は、事業者が通信販売に関する広告をする際に、一定の事項を表示しなければならないと規定しています。事業者が表示すべき一定の事項のことを広告表示事項といいます。

　通信販売に関する広告には、新聞の折込広告だけでなく、カタログ、テレビショッピングの番組、インターネット通販のサイトなども含まれます。たとえば、インターネット通販を利用して商品を購入する場合、消費者は、商品を紹介しているサイトに記載された文章や写真などを見て、その商品を購入するか否かを判断します。この点から、通信販売において、広告は消費者にとって非常に重要な情報源だといえます。そのため、広告に商品などに関して必要な事項が記載されていないと、思っていた商品と違うと消費者からクレームを受けるなど、トラブルになりかねません。

通信販売におけるおもな広告表示事項

　特定商取引法が規定する通信販売における広告表示事項は多岐にわたりますが、以下の事項をおもな広告表示事項として挙げることができます。

① 販売価格（役務の対価）

　販売価格とは、消費者が商品や特定権利を購入したり、役務の提供を受けたりするために必要となる「実売価格」のことを指します。実売価格がわからなければ、消費者は、どの程度の負担をするのかがわからないからです。商品の購入などについては、基本的に消費税の対象になるため、実売価格を表示する際には、税込みの金額も表示する

● 通信販売におけるおもな広告表示事項 ⋯⋯⋯⋯⋯⋯⋯

販売価格	実売価格を表示する（税込みの金額も表示すること）
送　料	販売価格とは別に表示する 無料の場合は「送料無料」と記載する
その他の負担するべき金額	梱包料や代引手数料　など
支払時期	「商品到着後3日以内に支払う」などと具体的に表示する
引渡時期	「3日後に発送する」など具体的に表示する
支払方法	可能な支払方法はすべて記載する（銀行振込み、クレジットカード決済、電子マネー決済など）
事業者の氏名など	氏名、住所、電話番号を記載する（個人事業者の場合）
契約不適合責任に関する特約	特約を設ける場合には、その内容を記載する

必要があります。

② 送料

　通信販売によって商品を購入した場合には、宅配業者が商品を消費者の自宅などに配達するのが一般的です。このとき、販売価格に加えて送料を消費者から受領するのであれば、販売価格とは別に送料に関しても表示することが必要です。そして、送料の記載については、送料が発生することを表示するだけでは足りず、具体的に発生する金額を表示しなければなりません。

　たとえば、商品の送料として全国一律500円を別途受領する場合は、商品の広告に「送料は全国一律500円」と表示します。反対に、送料を別途受領しない場合は、商品の広告に「送料無料」と表示します。また、送料を全国一律に定めない場合は、商品の広告に「関東地域への発送は300円、それ以外の地域への発送は500円の送料が発生する」など送料の計算方法を表示します。

③ その他の負担すべき金額

　販売価格や送料の他にも、商品などを購入した消費者が負担すべき

金額がある場合には、事業者は、その金額について広告に表示しなければなりません。たとえば、商品のプレゼント用に梱包する場合の梱包料や、代金引換で商品を引き渡すときの代引手数料などが挙げられます。

④　支払時期

支払時期は具体的に表示する必要があります。たとえば、消費者が商品の受領後、一定の期日までに代金を支払わなければならない場合は、その期日を広告に表示する必要があります。消費者が代金を支払った後に事業者が商品を送付する場合は、その内容を広告に表示しておく必要があります。

⑤　商品の引渡時期・権利の移転時期・役務の提供時期

たとえば、「契約から３日後に商品を発送する」など、時期を具体的に表示する必要があります。

⑥　支払方法

支払方法については、銀行振込み、クレジットカード決済、電子マネー決済、ポイントの利用など、使用できる支払方法をすべて表示しなければなりません。

⑦　事業者の名称（氏名）など

事業者の名称（氏名）などについて、事業者が個人の場合は、氏名・住所・電話番号を表示します。法人の場合は、名称・住所・電話番号・代表者氏名を表示します。

⑧　契約不適合責任に関する特約

契約不適合責任とは、商品の種類や品質などが契約目的に適合しない場合に、事業者が負う責任です。契約不適合責任に関する特約を設ける場合は、事業者がその内容を広告に表示する必要があります。特約を設けない場合は、民法の規定に従って契約不適合責任を負います。ただし、消費者契約法に違反する特約は無効となる点に注意を要します（不当条項規制）。

● 誇大広告等の禁止 ････････････････････････････････････

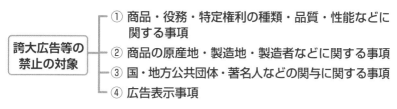

誇大広告等の
禁止の対象

① 商品・役務・特定権利の種類・品質・性能などに
　関する事項
② 商品の原産地・製造地・製造者などに関する事項
③ 国・地方公共団体・著名人などの関与に関する事項
④ 広告表示事項

（例）国・地方公共団体・著名人などに関する事項

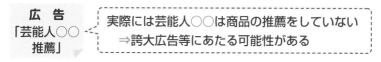

広　告
「芸能人○○
推薦」

実際には芸能人○○は商品の推薦をしていない
⇒誇大広告等にあたる可能性がある

省略できる広告表示事項もある

　広告のスペースに限りがある点などから、消費者から請求があれば広告表示事項を記載した文書や電子メールを遅滞なく送付することを広告に表示し、かつ、事業者が遅滞なく文書や電子メールを送付できる措置を講じていれば、広告表示事項のうち一部の事項について、広告への表示を省略できます。

誇大広告等の禁止

　特定商取引法は、通信販売の規制のひとつとして、誇大広告等を禁止しています。誇大広告等とは、著しく事実と異なる表示をすることや、実際の商品などよりも著しく優良あるいは有利であると誤認させる表示をすることをいいます。

　消費者は、広告を見て商品の購入などを判断するのが一般的であるため、事業者は、広告で商品をよりよく見せようとする傾向にあります。消費者は、事業者より情報が乏しいことから、その広告内容を信じて不利益を受ける可能性があるため、特定商取引法により、事業者による誇大広告等が禁止されています。

　誇大広告等の対象となるおもな記載事項は、①商品・役務・特定権

利の種類・品質・性能などに関する事項、②商品の原産地・製造地・製造者などに関する事項、③国・地方公共団体・著名人などの関与に関する事項、④広告表示事項に大別できます。

たとえば、ある商品について、実際には推薦していないにもかかわらず、「芸能人○○おすすめ」という表示することは、③にあたります。誇大広告等の禁止に違反した事業者は、主務大臣（経済産業大臣など）から業務改善指示・業務停止命令・業務禁止命令を受ける可能性がある他、罰則の対象になる可能性もあります。

迷惑メールなどに対する規制

迷惑メールとは、消費者から請求を受けたり、消費者の承諾を得たりすることなく、事業者が一方的に送りつける電子メール広告（広告や勧誘などを内容とした電子メール）のことです。特定商取引法では、消費者の請求や承諾を得ていない電子メール広告の送信を原則として禁止しています。同様に消費者の請求や承諾を得ていないFAX広告の送信も禁止されています。これらの規制をオプトイン規制といいます。ここでは問題となりやすい電子メール広告に関するオプトイン規制を説明します。

事業者としては、電子メール広告の送信に関して消費者の請求や承諾を得る場合において、消費者自身があらかじめ請求や承諾をしたことが明らかになるように、専用の画面を用意する必要があります。消費者の請求や承諾を得る方式には、デフォルト・オンとデフォルト・オフがあります。

デフォルト・オンとは、購入情報の入力画面に電子メール広告の送信を希望する内容のチェック欄があり、あらかじめチェックが入っている方式です。電子メール広告を拒否する場合に、消費者がチェックを外す必要があります。反対に、デフォルト・オフとは、このチェック欄にあらかじめチェックが入っていない方式です。電子メール広告

を希望する場合に、消費者がチェックを入れる必要があります。どちらの方式も認められていますが、消費者保護の観点からデフォルト・オフが推奨されています。

　電子メール広告の請求・承諾をする部分は、画面全体と表示色を変えたり、商品の購入などの最終決定のボタンの近くに請求・承諾をする部分を設けたりするなど、その部分を目立つようにすることが望まれています。したがって、膨大な画面をスクロールしなければ、電子メール広告の請求・承諾をする部分が表示されなかったり、画面の見つけにくい部分に小さい文字で請求・承諾について表示したりするやり方は望ましくありません。

　消費者が電子メール広告の送信を請求・承諾した後も、事業者は、配信停止を希望する際の連絡先を、電子メール広告に表示しなければなりません。電子メール広告の配信停止を希望する連絡先は、見つけやすい部分に、わかりやすく表示することが望まれています。消費者が配信停止を希望したにもかかわらず、事業者が電子メール広告を送信することは禁止されています。

　ただし、①契約の内容確認や契約履行などの重要な事項に関する通知に附随して電子メール広告を送信する場合、②フリーメールサービスなどの無料サービスに附随して電子メール広告を行う場合は、例外的に消費者の請求・承諾がなくても許されます。

　なお、電子メールの送信については、特定電子メールの送信の適正化等に関する法律（特定電子メール法）でも規制が設けられています。特定電子メール法と特定商取引法の違いは、どのような電子メールの送信を規制対象としているかにあります。特定電子メール法は、営利を目的とした広告や宣伝の手段としての電子メールの送信を規制対象としています。これに対して、特定商取引法は、通信販売を行う事業者による電子メール広告の送信を規制対象にしています。

> **Q** 「特定商取引法に基づく表示」は、どのような場合に作成しなければならないのでしょうか。作成上の注意点についても教えてください。

 契約条件に関する事項を含む広告をする際に作成が必要で、広告表示事項や誇大広告の禁止などの広告規制に従うことが必要です。

　通信販売により商品などを販売する事業者は、広告表示事項や誇大広告の禁止などの広告規制に従わなければなりません（⇨ P.94 以下）。通信販売については、消費者が商品や役務（サービス）などの提供を受ける際、原則的には事業者が示した広告によってのみ商品や役務などの内容を知ることができる、という性質を持っています。そのため、広告への適正な表示を担保し、消費者が取引を行うか否かを的確に判断できるようにするため、広告に関する規制が設けられています。なお、通信販売以外には、電話勧誘販売、特定継続的役務提供、業務提供誘引販売取引を行う事業者も、それぞれの特定商取引における広告規制に従わなければなりません。

　通信販売に関する広告を例にとると、特定商取引法が規定する広告規制が適用されるのは、商品・特定権利の販売や、役務の提供といった「契約条件に関する事項を含む広告」を作成する場合です。

　そのため、同じ広告であっても、事業者の経営理念や事業内容を伝えることを目的とする広告を作成する際は、特定商取引法の広告規制の対象から除かれます。また、契約条件に関する事項を含まない広告、たとえば、商品のコマーシャルを目的として作成された広告であれば、同じく特定商取引法の規制の対象から除かれます。

　反対に、企業の事業内容を紹介する目的で作成したホームページであっても、そのホームページ上で商品の販売などをする（直販をす

特定商取引法に基づく表示（通信販売の場合）

販売業者	株式会社○○○○
代表者	甲野　乙男
所在地	〒000-0000 東京都渋谷区○○町○丁目○-○
電話番号	03-0000-0000
メールアドレス	○○○○＠○○○○.jp
URL	https://○○○○.com/
申込有効期限	商品が完売するまで（原則）
販売数量	○個（セット）から
販売価格	各商品詳細ページ記載の価格（税込）
商品代金以外の必要料金	送料：全国一律○○円 ※代金引換の場合は 　　別途代金引換手数料として 　　○○円（税込）
引渡し時期	通常、決済後3～8日前後
お支払方法	・クレジットカード決済 　　○○カード 　　（一括、分割、リボルビング） 　　□□カード（一括のみ） ・代金引換払い
返品・交換・キャンセルなど	原則不可 ※商品が不良品の場合やご注文と異なる商品 　が到着した場合のみ、返品・交換可能
返品期限	商品到着後7日以内
返品送料	弊社負担

> 個人の場合は、戸籍記載の氏名を記載

> 民法・商法と異なる取扱いにする場合には明記する

> 送料以外に、工事費・組立費用・梱包費などがかかる場合は明記する

> 「銀行振込」を用いる場合は、振込先などを具体的に明記する

> 返品に関する特約の他、申込みの撤回・契約の解除に関する特約がある場合は、その記載が義務づけられている

る）場合は、契約条件に関する事項を含み、特定商取引法の広告規制の対象となりますので、作成にあたって注意が必要です。

7 前払式通信販売

前払式通信販売とは

　前払式通信販売とは、事業者による商品引渡し・権利移転・役務提供が行われるより前に、消費者が代金の全部もしくは一部を支払うという形態の通信販売による取引です。

　前払式通信販売は、事業者にとって大きなメリットがある取引形態だといえます。たとえば、割賦販売を利用した取引では、事業者が消費者に対して先に商品引渡しなどを行っています。この点から、消費者が代金の分割払いを滞らせた場合には、事業者は、代金を回収できないリスクを抱えるおそれがあります。

　これに対して、前払式通信販売においては、事業者は、消費者に対して、商品引渡しなどに先立って、代金の支払いを受けることができます。したがって、代金をまったく回収できないというリスクを抱えることなく取引に臨むことができます。

どのような場面で問題になるのか

　前払式通信販売は、事業者による代金回収を確実にする一方で、消費者に不都合が生じる場合があります。たとえば、消費者が前払式通信販売を利用して商品を購入する契約を締結し、代金を先払いしたにもかかわらず、事業者から商品が一向に送付されないというトラブルが生じる可能性があります。

　このように、前払式通信販売においては、商品引渡しなどの前に消費者が代金の全部もしくは一部の支払義務を果たしているため、事業者が商品などの送付義務を果たすまで不安定な地位に置かれます。とくに事業者が商品などを引き渡さない場合には、消費者はすでに代金

● 前払式通信販売とは

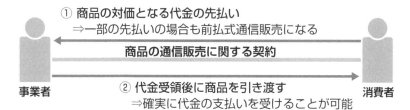

前払式通信販売 通信販売において、消費者が、商品の受領前、権利の移転前、役務の提供前に、事業者に対価となる金銭を交付する取引

① 商品の対価となる代金の先払い
⇒一部の先払いの場合も前払式通信販売になる

商品の通信販売に関する契約

事業者　② 代金受領後に商品を引き渡す　消費者
⇒確実に代金の支払いを受けることが可能

を支払っているため、経済的損失を被る可能性があります。

■ 事業者には承諾等の通知義務が課される

　特定商取引法では、前払式通信販売において不安定な地位に置かれる消費者の利益を保護するため、通常の通信販売の規制に加える形で、事業者に対して、一定の事項を通知する義務を課しています。これを承諾等の通知義務といいます。具体的には、事業者は、消費者から商品などの代金の全部あるいは一部を受領し、商品の引渡しなどに時間がかかる場合には、原則として、一定の事項を直ちに消費者へ通知しなければなりません。

　おもな通知事項として、①消費者の申込みを承諾するか否か（すでに通知している場合は承諾の有無を通知済みであること）、②事業者の氏名（名称）、住所、電話番号、③事業者が受領した金額の合計額、④代金などの金銭を受領した年月日、⑤消費者から申込みを受けた商品の数量、権利・役務の種類、⑥消費者の申込みを承諾する場合には、商品の引渡し時期、権利の移転時期、役務の提供時期が挙げられます。

　通知の方法は、書面によらなければなりません。ただし、消費者の承諾を得た場合には、事業者は、電子メールなどの電磁的方法による通知を行うことが可能です。

8 電話勧誘販売

電話勧誘販売とは

　電話勧誘販売とは、事業者が消費者の自宅や職場に電話をかけ、契約の締結について勧誘を行う取引形態です。たとえば、事業者が消費者の自宅に電話をかけ、浄水器の購入について勧誘する場合などが挙げられます。その他には、事業者が、契約の締結を勧誘する目的であることを告げず、あるいは著しく有利な条件で契約を締結できることを告げて、消費者に対して電話をかけるように要請して、消費者がかけてきた電話で契約の締結について勧誘を行うことも、電話勧誘販売にあたります。

　電話勧誘販売における勧誘は、消費者が契約を締結する意思決定を行うにあたり影響を与える言動でなければなりません。たとえば、事業者が「今週中にお電話で購入すればお得です！」と電話で告げて、消費者が電話で購入の意思表示を行った場合は、電話勧誘販売における勧誘にあたります。一方で、事業者が消費者に対して電話で自社のホームページの紹介だけを行い、その消費者がホームページの商品紹介を見て店舗で購入した場合は、ホームページの商品紹介が消費者の意思決定に影響を与えているため、電話勧誘販売における勧誘にはあたりません。

　特定商取引法が規定する電話勧誘販売の規制対象は、すべての商品と役務です。指定制度（⇨ P.80）は採用していません。権利については、特定権利（⇨ P.80 ～ P.81）のみが規制対象になっています。

具体的にどのような場合に問題となるのか

　電話勧誘販売を利用すると、事業者は、消費者の自宅などに訪問す

● 電話勧誘販売とは ……………………………………………………

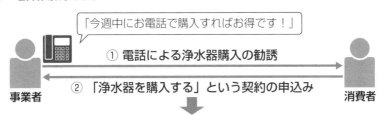

「今週中にお電話で購入すればお得です！」

① 電話による浄水器購入の勧誘

事業者

② 「浄水器を購入する」という契約の申込み

消費者

**勧誘行為が契約を締結するという消費者の意思決定に
影響を与える言動にあたる**

⇒ 電話勧誘販売　　※勧誘の電話中に消費者が購入の意思表示
をしなかったとしても、後から消費者が
購入の意思表示をする場合も含む

る必要もなく、店舗を展開する必要もありません。事業所から電話を
し、商品の購入などを勧めることで利益を上げることができるため、
事業者はコストを抑えることができます。消費者にとっても、わざわ
ざ店舗に行くことなく、容易に商品などを入手できるため、便利な取
引形態だといえます。

　その一方で、電話勧誘販売には、購入前に商品を手に取ることがで
きないという消費者側のデメリットがあります。電話勧誘販売の場合
は、商品の画像なども確認できず、消費者が商品について理解しない
まま契約を締結する可能性があります。さらに、電話勧誘販売は、通
信販売と異なり、事業者からの直接的な勧誘が行われているため、消
費者が勧誘を断りにくいというデメリットもあります。消費者が契約
を締結するまで、事業者が何度も電話をかけてきて勧誘を行うことも
あります。その場合、消費者としては、事業者が電話をかけてこない
ようにするため、実際には必要でない商品の購入などをするおそれが
あります。

▎事業者に対してどのような規制を設けているのか

　特定商取引法は、電話勧誘販売を利用する事業者に対する規制とし

て、以下のように、①氏名等の明示義務、②書面交付義務、③前払式電話勧誘販売における承諾等の通知義務、④勧誘継続・再勧誘の禁止、⑤禁止行為を設けています。

① 氏名等の明示義務

　事業者は、電話勧誘販売を行うときには、勧誘に先立って、事業者の名称（個人事業主の場合は氏名）、勧誘を行う者の氏名、商品・役務・特定権利の種類、契約の締結を勧誘する目的の電話であることを明示しなければなりません。氏名等の明示義務は、消費者に対する不意打ちを防ぐという意味があります。

　たとえば、勧誘を行う者が消費者の自宅に電話をかけて、「商品説明のため」など情報提供目的であるとだけ告げてから、商品の購入を勧誘した場合には、勧誘に先立って勧誘目的を告げていないので、氏名等の明示義務に違反したと判断されます。

② 書面交付義務

　事業者は、消費者から契約の申込みがあった時点で、消費者に申込書面を交付しなければなりません。さらに、契約を締結した時点で、消費者に契約書面を交付しなければなりません。

　事業者が交付する申込書面・契約書面には、訪問販売の場合と同様の事項の記載が必要です。具体的には、販売価格（役務の対価）、支払時期・方法、商品引渡し・権利移転・役務提供の時期、事業者の名称（氏名）・住所・電話番号、（法人の場合は）代表者氏名、契約担当者の氏名、クーリング・オフに関する事項などの記載が必要です。その他、契約不適合責任に関する特約など、契約について特約を設けている場合には、その特約の内容もあわせて記載する必要があります。

　ただし、消費者契約法に違反する特約は無効となる点に注意を要します（不当条項規制）。たとえば、契約書面に「いかなる事情があっても、商品受け渡し後の返品は一切受け付けません」との記載は、契約解除や契約不適合責任について消費者の権利を不当に奪う内容であ

るため、このような特約は無効となります。

　事業者は、申込書面・契約書面について、消費者がその内容を知ることができるように工夫した記載が求められます。たとえば、書面の表紙に赤枠を設けて、書面をよく読むべきことを赤枠の中に赤字で記載する方法などが挙げられます。書面の文字は8ポイント以上の大きさで記載する必要があります。その他、申込みや契約締結後、事業者は、遅滞なく消費者に書面を交付しなければなりません。「遅滞なく」とは、申込みや契約締結後、3～4日以内に書面を交付する意味であると考えられています。

③　前払式電話勧誘販売における承諾等の通知義務

　前払式電話勧誘販売とは、商品の引渡しなどに先立ち、消費者から代金が支払われる形態の電話勧誘販売です。前払式電話勧誘販売により契約が締結された場合、事業者は、消費者に契約の承諾などに関する事項を記載した通知を行わなければなりません。これを承諾等の通知義務といいます。

　承諾等の通知には、承諾の有無の事項の他に、商品の引渡し時期、商品名、事業者の名称（氏名）・氏名・電話番号などを記載する必要があります。事業者が契約を承諾しないと通知する場合には、消費者が支払った金銭をすぐに返金することと、返金をする方法についても記載しなければなりません。

④　勧誘継続・再勧誘の禁止

　事業者は、消費者が契約を締結しないとの意思表示をした場合には、勧誘を中止する（勧誘継続の禁止）とともに、再び勧誘することが禁止されます（再勧誘の禁止）。電話で断られた後、再度電話をかけて勧誘することが禁止されている点が重要です。

⑤　禁止行為

　電話勧誘販売においても、事業者は、不実の告知、故意による事実の不告知、威迫行為などを行うことが禁止されています。

9 電話勧誘販売の解消

クーリング・オフができる

　電話勧誘販売は、電話でやり取りをするため、消費者にとって契約締結の過程が不明確になりやすいだけでなく、消費者が契約を締結するか否かについて、事業者から提供される不十分な情報に基づいて判断せざるを得ない場合もあります。

　そこで、特定商取引法は、電話勧誘販売によって契約の申込みや承諾をした消費者に対して、クーリング・オフの行使を認めています。電話勧誘販売についてクーリング・オフを行使する場合には、消費者が、商品・特定権利の売買契約や役務の提供契約について、事業者に対して、その申込みを撤回し、あるいは契約を解除する意思表示を書面によって行うことが必要です。そして、消費者が電話勧誘販売についてクーリング・オフを行使できる期間（行使期間）は、申込書面あるいは契約書面の交付を受けた日から起算して8日以内です。書面を郵便などで発送すれば、事業者に書面が到達していなくても、発送の時点でクーリング・オフの効果が生じます（発信主義）。

　しかし、事業者が勧誘行為をする中で、電話勧誘販売についてはクーリング・オフを行使できないなど、不実の告知を行うことがあります。消費者にクーリング・オフを行為しないように威迫することで消費者が困惑する場合もあります。このように、事業者が消費者によるクーリング・オフの行使を困難にさせ、行使期間である8日を経過させようとする行為をクーリング・オフ妨害といいます。特定商取引法では、クーリング・オフ妨害があった場合には、クーリング・オフの行使期間の進行が停止すると規定しているため、8日間の行使期間を経過しても、消費者はクーリング・オフを行使することが可能です。

● 電話勧誘販売の解消 ··

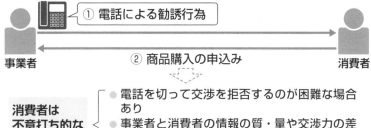

消費者は
不意打ち的な
勧誘を受ける
- 電話を切って交渉を拒否するのが困難な場合あり
- 事業者と消費者の情報の質・量や交渉力の差から、慎重な判断ができずに契約締結に至る場合あり

申込書面・契約書面の受領日から起算して8日以内はクーリング・オフが可能

　なお、クーリング・オフの行使期間の経過後も、消費者は、追認できる時（不実の告知などがあったことを知った時）から1年以内であれば、不実の告知や故意による事実の不告知を理由とする取消権を行使できます。また、過量販売にあたる場合には、前述した過量販売解除権の行使も可能です。

▌クーリング・オフを行使できない場合もある

　特定商取引法は、電話勧誘販売について、消費者によるクーリング・オフの行使を認めない場合を規定しています。同様の規定は、前述した訪問販売にも設けられています。

　たとえば、自動車の販売・貸与のように、販売条件や役務提供条件の交渉が長期にわたる契約は、クーリング・オフの行使が認められません。また、葬式のための便益の提供、電気・ガスの供給のように、迅速に提供されなければ消費者の利益を著しく害する役務提供契約も、クーリング・オフの行使が認められません。

　さらに、3,000円未満の現金取引である場合や、防虫剤や化粧品など政令で定める消耗品（指定消耗品）を消費した場合も、クーリング・オフの行使が認められません。

10 連鎖販売取引

連鎖販売取引とは

　連鎖販売取引とは、消費者を販売員として勧誘し、その消費者に次の販売員を勧誘させる、という行為を繰り返し、販売員を増やしながら商品などを販売する形態の取引です。一般に「マルチ商法」と呼ばれるものです。たとえば、商品Aを消費者が購入すると、その消費者が会員として登録され、商品Aを他の消費者に販売できるようになります。そして、会員となった消費者が商品Aを他の消費者に販売すると、一定の利益を受けることが可能になる、ということを繰り返す形態です。消費者が商品などを販売すればするほど、事業者が販売員（会員）を増やすことができる、というしくみが連鎖販売取引の特徴です。

　なお、連鎖販売取引に似た取引としてネズミ講があります。ネズミ講とは、事業者が消費者に会員になることを勧誘し、会員になった消費者が他の消費者を会員に勧誘するという形態の取引です。ネズミ講と連鎖販売取引の大きな違いは、商品などの販売の実態があるか否かという点です。連鎖販売取引は、商品などを買い受けた消費者が会員になっています。しかし、ネズミ講は、商品などのやり取りを伴わず、会員になること自体を取引の対象としています。ネズミ講は「無限連鎖講の防止に関する法律」により禁止されています。

具体的にどんな場合に問題となるのか

　事業者は、連鎖販売取引を行うことで、販売員を雇用するというコストをかけずに、より効率よく利益を得ることができます。さらに、勧誘を行うのが商品などを購入した消費者で、その消費者は実際に商

● 連鎖販売取引とは

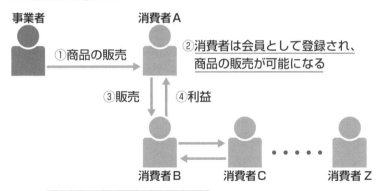

事業者 ①商品の販売 → **消費者A**

②消費者は会員として登録され、商品の販売が可能になる

③販売 ④利益

消費者B ← → **消費者C** ・・・・・ **消費者Z**

⇒ **連鎖販売取引（マルチ商法）**

販売員となる消費者を増やしながら商品を販売する
⇒ 販売すればするほど、販売員がその分増えて、販売が困難になっていくというデメリットがある

品などを使用して効能などを知っているため、説得力のある勧誘が行われ、購入を促進する効果もあります。

　消費者にとっても、他人に販売すれば一定の利益を得られるというメリットがあります。しかし、購入者が増えると販売員もその分だけ増えるため、次第に商品の販売が困難になります。したがって、事業者や先に販売員になった消費者だけが利益を得ることになりかねず、特定商取引法が厳しい規定を設けています。

連鎖販売取引を行う者や対象となる商品は

　特定商取引法では、連鎖販売取引を行う当事者として、統括者、勧誘者、一般連鎖販売業者、無店舗個人などを規定しています。連鎖販売取引を実質的に掌握している者が統括者であるのに対し、統括者が勧誘を行わせる者が勧誘者です。そして、両者にあてはまらず、連鎖販売取引を行う者が一般連鎖販売業者です。無店舗個人とは、店舗をもたずに連鎖販売取引を行う個人を指します。

たとえば、統括者の委託を受けて、ある施設に人を集めて、「この商品を購入して他人に販売すると、商品の1割の収入が得られます」と勧誘するのが勧誘者にあたり、この勧誘を受けて商品を購入し、他人に販売する者が一般連鎖販売業者にあたります。

　そして、連鎖販売取引にあたるためには、①物品の販売（役務の提供）などの事業であって、②再販売、受託販売あるいは販売のあっせん（役務の提供あるいは役務の提供のあっせん）をする者を、③特定利益が得られると誘引し、④特定負担を伴う取引をする、という4要件をすべて満たす必要があります。

① 　物品の販売（役務の提供）などの事業として、健康食品の売買などが挙げられます。商品の販売だけではなく、物品のリースやレンタルも対象に含まれます。

② 　再販売とは、消費者が商品を購入し、それを他の消費者に販売することをいいます。受託販売とは、商品の所有者から委託を受けて商品を販売することをいいます。

③ 　特定利益とは、商品などを購入して販売員（会員）になった者が、商品などを販売することで得られる利益を指します。たとえば、商品を販売すると、販売員が販売額の10％を得ることができる場合には、その10％が特定利益にあたります。

④ 　特定負担とは、商品などを購入するために必要な金銭的負担を指します。金額の多少は問いません。

連鎖販売取引を行う者に対する規制

　特定商取引法では、統括者、勧誘者、一般連鎖販売業者という連鎖販売業を行う者に対するおもな規制として、①書面交付義務、②禁止行為など、③広告規制を設けています。

① 　書面交付義務

　連鎖販売を行う際に、消費者に対して交付しなければならない書面

は、概要書面と契約書面です。概要書面と契約書面を兼ねる書面を交付することはできません。概要書面とは、連鎖販売業の概要を説明する事項を記載した書面で、契約締結前に消費者に対して交付しなければなりません。

これに対して、契約書面とは、契約締結後、遅滞なく消費者への交付が必要になる書面です。契約書面には、統括者の氏名（法人の場合は名称）・住所・電話番号や、統括者が法人の場合は代表者の氏名を記載し、責任の所在を明確にします。また、特定利益や特定負担の内容、商品の再販売などの条件などを記載し、消費者がどのような負担をするのかを明確にします。さらに、消費者の利益を保護するため、とくにクーリング・オフに関する事項は赤枠に赤字で記載することが必要です。

② 禁止行為など

連鎖販売取引を行う際に、不実の告知を行うこと、故意に事実の不告知を行うこと、威迫行為、勧誘目的を隠す行為が禁止行為にあたります。これらの行為は、訪問販売における禁止行為にも含まれています。また、連鎖販売取引に消費者を勧誘する場合には、勧誘に先立ち、その消費者に対して、最初に自己と統括者の氏名（法人の場合は名称）や、特定負担を伴う勧誘であることなどを告げなければなりません。

③ 広告規制

連鎖販売取引に関して広告をするときは、統括者の氏名（法人の場合は名称）・住所・電話番号、特定利益や特定負担に関する事項、商品や役務の種類などを記載しなければなりません。

さらに、通信販売と同様に、「確実に利益を得られる」といった誇大広告等が禁止される他、事前に承諾を得ていない消費者に対して電子メール広告を送信することも禁止されています（オプトイン規制）。

11 連鎖販売取引の解消

20日間はクーリング・オフを行使できる

　消費者が連鎖販売契約（連鎖販売取引に関する契約）を解消するための方法として、クーリング・オフが挙げられます。連鎖販売契約を締結する際には「利益を得ることができる」などと勧誘を受けるため、消費者が安易に連鎖販売契約を締結するおそれがあることから、クーリング・オフの対象に含まれています。

　消費者がクーリング・オフを行使するためには、契約書面を受領した日から起算して20日間という行使期間内に、内容証明郵便などの書面により、契約を解除する意思を明示する必要があります。概要書面の受領日から起算するわけではない点に注意を要します。また、必要な記載を欠いた契約書面を消費者が受け取っても、契約書面を交付したとはいえないため、クーリング・オフの行使期間が進行しません。

　さらに、消費者によるクーリング・オフの行使を妨害している間は、その行使期間が進行しません。妨害行為が解消され、あらためて必要な事項が記載された契約書面を消費者が受け取った日からクーリング・オフの行使期間が進行します。

　クーリング・オフの効果は、消費者がクーリング・オフに関する書面を発送した時点で、連鎖販売契約が解除されるという形で発生します（発信主義）。

中途解約権を行使できる場合がある

　連鎖販売契約を締結した無店舗個人（店舗をもたずに連鎖販売取引を行う個人のこと）に限っては、クーリング・オフの行使期間が経過しても、いつでも自由に連鎖販売契約の中途解約ができるという制度

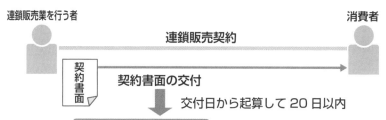

● 連鎖販売取引のクーリング・オフ

連鎖販売業を行う者　　　　　　　　　　　　　　　　消費者

連鎖販売契約

契約書面

契約書面の交付

交付日から起算して20日以内

クーリング・オフを行使

★書面の発送時点で効果が発生（発信主義）
　連鎖販売業を行う者に損害が生じても賠償責任を負わない

があります。これは連鎖販売取引の関係から脱退しやすくするための規定です。さらに、無店舗個人が中途解約権を行使する際、連鎖販売取引に関して商品を購入しているときには、①連鎖販売契約の締結日から１年以内、②商品の引渡し日から90日以内、③商品の再販売や使用・消費などをしていない、という要件をすべて満たせば、その商品の売買契約の解除もいっしょに行うことができます。

　無店舗個人が商品の売買契約を解除した場合には、解除に伴って連鎖販売業を行う者に生じた損害について負担すべき損害賠償額が制限されています。具体的には、商品が返還された場合や、商品の引渡し前の場合には、商品の販売価格の10％に相当する額が損害賠償額の上限になります。商品が返還されない場合には、商品の販売価格に相当する額が損害賠償額の上限になります。

┃取消権を行使できる場合がある

　連鎖販売業を行う者による不実の告知や故意による事実の不告知があり、消費者が誤認して連鎖販売契約を締結した場合、消費者は、追認できる時（不実の告知などがあったことを知った時）から１年以内に限り、不実告知や故意による事実の不告知を理由とする取消権を行使できます。

12 特定継続的役務提供

特定継続的役務提供とは

特定継続的役務提供とは、消費者が事業者から役務（サービス）を長期かつ継続的に提供を受け、事業者に一定の対価を支払うという形態の取引のことです。特定継続的役務提供として規制対象になる役務は、身体の美化や知識・技術の向上など確実に効果が得られるとは限らない役務であって、以下の7種類が政令で指定されています（指定役務）。特定継続的役務提供については、指定制度を採用しているのが特徴です。

① エステティック

エステティックとは、人の皮膚を美化したり、体型を整えたり、体重を減らしたりする目的で、消費者に施術を行うサービスを指します。ただし、同様の目的であっても、医学的処置や手術などの治療を行うサービスにあたる場合には、下記の②美容医療にあたるため、エステティックからは除かれます。

② 美容医療

美容医療とは、人の皮膚を美化したり、体型を整えたり、体重を減らしたりするなどの目的で、消費者に医学的処置や手術などの治療を行うサービスを指します。美容医療にあたるサービスは、政令で定められており、たとえば、レーザー照射によるシミ・そばかすの除去、レーザー脱毛、ヒアルロン酸の注射、歯牙の漂白剤の塗布などが挙げられます。

③ 語学の教授

語学の教授とは、英語などの語学を教えるサービスを指します。たとえば、英会話教室などの語学教室が典型例として挙げられます。た

● 特定継続的役務提供 ···

（例）エステティック

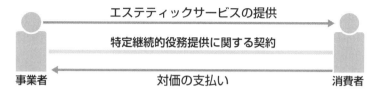

特定継続的役務提供の特徴

- 消費者が長期かつ継続的に指定役務の提供を受け、これに対して対価を支払う取引
- 指定役務の内容は身体の美化や知識・技術の向上に関するもので、確実に効果が得られるとは限らない

だし、入学試験への準備や学校教育の補習のために行われるサービスは語学教室に含まれず、これらのサービスは家庭教師や学習塾にあたります。

④　家庭教師

　家庭教師とは、入学試験への準備や学校教育の補習のために学力の教授を行うサービスを指します。家庭教師にあたるサービスは、事業者が用意した場所以外の場所（消費者の自宅や喫茶店など）におけるサービスの提供に限られます。なお、ここでの「入学試験」からは小学校や幼稚園の入学試験が除かれており、「学校教育」からは大学や幼稚園の教育が除かれています。

⑤　学習塾

　学習塾とは、事業者が用意した場所において、入学試験への準備や学校教育の補習のため、学力向上を図るサービスを指します。家庭教師と同様に、ここでの「学校教育」からは大学や幼稚園の教育が除かれています。しかし、家庭教師とは異なり、「入学試験」からは小学校や幼稚園の入学試験が除かれておらず、あらゆる入学試験が対象に

含まれる点に注意を要します。

⑥　パソコン教室

　パソコン教室とは、電子計算機やワードプロセッサーの操作に関係する知識や技術を教えるサービスを指します。パソコンの操作方法の知識などを提供するサービスが広く含まれ、サービスの提供場所や資格取得の有無などの目的は問いません。

⑦　結婚相手紹介サービス

　結婚相手紹介サービスとは、結婚を希望する者に異性を紹介するサービスを指します。結婚相談所として店舗において異性を紹介するサービスの他に、インターネットを介して異性を紹介するサービスなども含まれます。

一定の期間や金額を超える指定役務に適用される

　特定商取引法の規制対象になるためには、事業者が一定の期間や金額を超える指定役務を提供しなければなりません。

　指定役務の提供期間について、①エステティック、②美容医療は、1か月を超えて提供される場合が規制対象に含まれます。これに対して、③語学教室、④家庭教師、⑤学習塾、⑥パソコン教室、⑦結婚相手紹介サービスは、2か月を超えて提供される場合が規制対象に含まれます。提供期間は、役務の提供開始日から起算しますが、提供開始日が定められていない場合は契約締結日から起算します。提供期間の終了日は、役務の提供終了日を基準に判断します。たとえば、7月1日をエステティックの提供開始日として6月30日に契約を締結した場合は、7月31日の満了をもって1か月となるため、8月1日以降も引き続きエステティックの提供をすると、1か月を超えて提供したことになり、特定商取引法の規制対象となります。

　なお、上記の期間を超えない提供期間を定め、その提供期間の終了時点で、特定継続的役務提供に関する契約を更新するという契約条項

を設けている場合があります。この場合は、原則として特定商取引法の規制対象から除かれます。しかし、更新前後の契約関係が連続して存続することが想定され、一体の契約と見ることができる場合には、提供期間も一体として計算されます。

　さらに、特定商取引法の規制対象に含まれるのは、5万円を超える場合に限られます。役務の提供に対する対価だけでなく、入会金、教材料、関連商品の売買代金などのすべてを含めた総額が5万円を超えていれば、規制対象に含まれます。

関連商品に関する取引

　特定継続的役務提供に対する特定商取引法の規制は、関連商品にも及びます。関連商品とは、特定継続的役務提供を受ける場合に消費者が購入する必要がある商品のことです。たとえば、エステティックで販売される健康食品などが挙げられます。

　特定継続的役務提供について、サービスの提供以外にも関連商品の売買が継続的に行われている場合には、消費者が契約関係から離脱することが困難になるおそれがあります。そこで、消費者の保護を図るため、たとえば、特定継続的役務提供に関する契約についてクーリング・オフを行使する場合には、その関連商品の売買契約についても、一体としてクーリング・オフを行使することが認められています。

特定商取引法が適用されない場合もある

　特定継続的役務提供に特定商取引法が適用されるのは、事業者と消費者との情報の質・量や交渉力の格差から、消費者を保護するためです。そのため、事業者間の取引、海外にいる人に対する契約、国や地方公共団体による役務提供など、規制の必要性が低い場合には、特定商取引法が適用されません。

13 特定継続的役務提供の規制

どんな規制があるのか

特定継続的役務提供を行う事業者へのおもな規制として、①広告規制、②書面交付義務、③禁止行為、④書類の閲覧があります。

① 広告規制

広告は事業者が自らのサービスを消費者に知ってもらい、契約の締結へと誘引する手段となるため、自らのサービスをよりよく見せようとします。これが行き過ぎると「広告とサービスの内容が違う」などとトラブルになることがあります。そこで、通信販売などと同様に、誇大広告等を禁止しています。

具体的には、役務提供の条件などを広告する際に、著しく事実と異なる表示や、実際のものより著しく優良であるか、著しく有利であると誤認させる表示をすることが禁止されています。問題となりやすい広告として、著名人や公的機関が使用される場合があります。たとえば、エステの広告で「芸能人○○御用達」、語学教室の広告で「外務省職員推薦」などと表示している場合です。

事業者が誇大広告等の禁止に違反する行為をした場合は、業務改善指示・業務停止命令・業務禁止命令といった行政処分を受ける他、罰則の対象となる可能性もあります。

② 書面交付義務

事業者が消費者に対して交付しなければならない書面は、概要書面と契約書面です。連鎖販売取引と同様に、概要書面と契約書面の双方の交付義務が課されています。特定継続的役務提供は取引関係が長期間にわたるものであって、事業者の倒産など消費者に生じるリスクが大きいからです。

● 特定継続的役務提供のおもな規制 ……………………………

おもな規制	規制内容
① 広告規制	事実と異なる内容の広告、嘘を記載した広告、著しく優良もしくは有利と誤認させる広告、誇大広告などが対象
	誇大広告など、広告規制に反する事実があると、事業者は罰金や業務停止命令を受けることがある
② 書面の交付義務	概要書面と契約書面が対象
	書面の交付義務・記載事項に違反した場合、事業者は、罰金や業務停止命令を受けることがある
③ 禁止行為	不実の告知、故意による事実の不告知、威圧行為、強迫行為などが規制の対象
④ 書類の閲覧	事業者の業務や財産の状況を記載した書類を用意すること、消費者の求めに応じて書類を閲覧できるようにすること

　概要書面とは、契約締結前に事業者から消費者に対して交付される書面です。広告などではわからないサービスの詳細などについて、消費者が契約の申込みをする時点で把握できるようにすることを目的としています。概要書面の記載事項には、事業者の氏名（法人の場合は名称）・住所・電話番号、法人の場合は代表者氏名、役務の内容や提供期間、役務の対価の概算額、中途解約に関する事項、クーリング・オフに関する事項などが挙げられます。

　これに対して、契約書面とは、契約締結後に事業者が消費者に対して交付する書面です。契約書面の記載事項については、概要書面の記載事項に加えて、契約担当者の氏名など、より詳細な内容の記載が求められています。なお、役務の対価は確定した金額の記載が必要です。

　事業者が書面を交付しなかったり、記載事項を欠く書面を交付したりするなど、書面交付義務に違反した事業者は、広告規制と同様に、行政処分や罰則の対象になることがあります。

③　禁止行為

　禁止行為とは、公正な取引を確保するため、事業者が特定継続的役

務提供の勧誘を行う際にしてはならない行為のことです。おもな禁止行為として、不実の告知、故意による事実の不告知、威迫行為があります。これらの禁止行為は、訪問販売の勧誘を行う際の禁止行為にも含まれているものです。

④　書類の閲覧

　前払方式で5万円を超える特定継続的役務提供を行う事業者に対しては、事業者の業務や財産の状況を記載した書類（貸借対照表や損益計算書など）を用意することや、そのような書類を消費者の求めに応じて閲覧できるようにすることが義務づけられています。これは消費者が事業者の財務内容などを確認できるようにするための措置です。

クーリング・オフはどんな場合にできるのか

　特定継続的役務提供についての契約が締結された場合、消費者は、事業者から契約書面を受領した日から起算して8日以内であれば、クーリング・オフの行使が可能です。8日の行使期間は契約書面を受け取った日を起算日として計算するため、概要書面の受領日が起算日とならない点に注意を要します。また、電話勧誘販売などと同様に、事業者によるクーリング・オフ妨害があるときには、その妨害が解消された後、あらためて契約書面が交付されるまで、行使期間が進行しません。

　消費者がクーリング・オフを行使するためには、内容証明郵便などの書面によって、クーリング・オフを行使して契約を解除するとの意思表示をすることが必要です。事業者に書面を発送した時点で、クーリング・オフの効果が生じるため（発信主義）、消費者は8日目までに書面を発信すればよく、事業者への到着が9日目以降になってもよいことになります。

　クーリング・オフの効果として、最初から特定継続的役務提供についての契約を締結していなかったのと同様に扱われます。そのため、消費者が代金を支払っている場合、事業者は、消費者に対して受け

取った代金を返還しなければなりません。

　さらに、特定継続的役務提供についての契約をクーリング・オフする際には、あわせて関連商品の売買契約などもクーリング・オフすることができます。関連商品についてクーリング・オフをした場合には、契約当初の状態に回復するため、消費者は受領した商品を事業者に返還し、事業者は受領した代金を消費者に返還しなければなりません。商品の返還費用は事業者が負担します。

　ただし、消費者が関連商品を使用し、返還不可能な状態になっている場合には、関連商品の売買契約などのクーリング・オフが認められないことがあります。

取消権を行使できる場合がある

　事業者により不実の告知や故意による事実の不告知が行われた場合、これにより誤認して契約をした消費者は、追認できる時（不実の告知などがあったことを知った時）から１年以内であれば、特定継続的役務提供についての契約の申込みや承諾の意思表示を取り消すことができます。消費者が取消権を行使すると、契約が当初からなかったことになるため、意思表示をした当時の状態に回復する必要があります。たとえば、消費者が事業者に代金を支払っていれば、事業者は消費者に代金を返還する必要があります。

中途解約権は、どんな場合に行使できるのか

　中途解約権とは、クーリング・オフの行使期間の経過後、将来に向かって契約を解除できる権利です。民法の規定に従うと、消費者が契約を解除できるのは、事業者に債務不履行があったなどの理由が必要です。しかし、特定継続的役務提供は、ある程度の長期間にわたり消費者が役務の提供を受けるため、契約当初に想定していたのとは異なる事情が生じ、消費者が契約関係の解消を望むことがあります。たと

えば、英語の語学教室に通っていた消費者が、ドイツ語に興味をもったので、英語の語学教室をやめてドイツ語の語学教室に通いたくなる場合などが挙げられます。

　このとき、事業者の債務不履行などがなければ契約を解除できないとすると、消費者を契約に拘束し続けることになり、消費者にとって不利益です。そこで、特定継続的役務提供についての契約に関しては、消費者に中途解約権の行使を認めています。

　中途解約権は、クーリング・オフの行使期間が経過した後に行使できる権利です。中途解約権の行使の理由は不要で、消費者の自己都合であってもかまいません。したがって、事業者が中途解約権の行使を排除する特約を設けたり、中途解約権の行使について条件をつける特約（自己都合の中途解約権の行使を認めない特約など）を設けたりしても、そのような特約は無効です。

　消費者が中途解約権を行使する際には、事業者に対して中途解約権を行使するとの意思表示をすることが必要です。「中途解約権」という言葉を使う必要はなく、「契約を解除したい」など中途解約権を行使していることが明らかであれば、中途解約権を行使したことになります。中途解約権の行使は口頭でもかまいませんが、後のトラブルを防止することを防ぐため、書面によるのが一般的です。

　中途解約権を行使すると、契約が将来に向かって効力を失います（将来効）。たとえば、5月1日に開始した語学教室の契約について7月31日に中途解約権を行使すると、8月1日から契約の効力が失われますが、5月1日から7月31日までの契約の効力は失われません。したがって、契約期間を1年間とし、消費者が受講料を契約締結時に全額支払っていたとすると、事業者は、8月分以降の受講料は全額返還しなければならないのに対し、5月分から7月分までの受領料は返還する必要がありません。

　さらに、特定継続的役務提供についての契約に関して中途解約権を

● 中途解約権

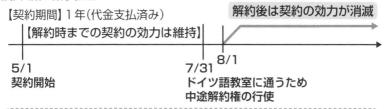

（例）英語の語学教室

【契約期間】1年（代金支払済み）

【解約時までの契約の効力は維持】

解約後は契約の効力が消滅

5/1
契約開始

7/31
ドイツ語教室に通うため
中途解約権の行使

8/1

- 要件：消費者が事業者に中途解約権を行使すると意思表示をすること
- 効果：契約が将来に向かって効力を失う（将来効）
  ⇒上記の例では8月1日から契約の効力が失われる
  8月分以降の受講料が全額返還される
  語学教室の中途解約なので損害賠償額の上限は5万円

行使した場合には、関連商品の売買契約の中途解約権もあわせて行使
できます。

▍損害賠償額には上限がある

　消費者が中途解約権を行使した場合、事業者は、自らに生じた損害
の賠償を消費者に請求できます。事業者は、特定継続的役務提供につ
いての契約が継続することによって収益をあげていることから、消費
者の中途解約権の行使で生じた不利益を補てんするため、消費者に対
して損害賠償請求を行うことが可能です。

　しかし、事業者に生じた損害の全額を消費者に請求できるとするな
らば、消費者が損害賠償請求を恐れて中途解約権の行使をためらうこ
とになりかねません。そこで、事業者が請求できる損害賠償の額には
一定の上限が設けられています。たとえば、語学教室の場合、サー
ビス提供前であれば、1万5000円が上限になります。これに対して、
サービス提供後であれば、5万円もしくは契約残額の20％相当額の
いずれか低い額が上限になります。

14 業務提供誘引販売取引

業務提供誘引販売取引とは

業務提供誘引販売取引とは、商品や役務を利用した仕事を紹介するので利益を得られると消費者を誘引して、その商品や役務に関する代金を消費者に支払わせる形態の取引です。事業者が自ら商品の販売や役務の提供を行う場合だけではなく、他の事業者が販売する商品や提供する役務を消費者にあっせんする場合も業務提供誘引販売取引に含まれます。また、政令による指定制度を採用していませんので、原則として、すべての商品や役務が業務提供誘引販売取引の規制対象に含まれます。

業務提供誘引販売取引にあたるのは、事業者が紹介する商品や役務を利用した仕事によって、消費者が一定の利益を得られると誘引して、消費者にその商品や役務に関する代金を支払わせる場合です。そして、消費者が商品や役務を利用することによって得る利益を業務提供利益といい、消費者が支払うその商品や役務の対価を特定負担といいます。たとえば、事業者が消費者に販売したパソコンを利用して行うデータ入力の仕事を、その消費者に紹介する場合、その仕事において事業者から購入したパソコンを利用することによって消費者が得る利益が業務提供利益にあたり、そのパソコンの代金が特定負担にあたります。

これに対して、事業者がある仕事を紹介すると誘引し、商品を販売したり、役務を提供したりしても、消費者自身がその仕事に必要な商品や役務を他の事業者から調達したときには、事業者が購入させた商品や役務を利用していない点から、業務提供誘引販売取引にはあたりません。

● 業務提供誘引販売取引 ……………………………………………

(例) ホームページを作成するソフトが内蔵されたパソコンの販売

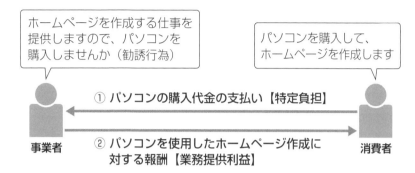

どのような取引が規制対象なのか

　業務提供誘引販売取引には、さまざまな形態がありますが、ここでは内職商法とモニター商法を取り上げます。

①　内職商法

　業務提供誘引販売取引の典型例で、事業者が販売する商品などを利用した仕事で収益が得られると消費者を誘引し、その商品などを購入させる取引です。副業商法ともいわれています。たとえば、事業者が販売する封書と名簿を消費者が購入し、その封書に名簿に記載されたあて名を書く仕事を行うことによって収益を得る場合などが挙げられます。

　しかし、内職商法においては、事業者が高額な商品を消費者に購入させたにもかかわらず、実際にはその商品を利用した仕事がほとんどないため、消費者が経済的損失を被るというトラブルが発生しています。事業者が高額な商品の販売代金を消費者に支払わせることを主たる目的とし、仕事の紹介を商品の販売のための口実として用いる悪質な事業者が存在するからです。

②　モニター商法

　事業者が布団や浄水器などの商品を販売し、消費者が商品を利用し

た感想や意見をアンケートなどの形式で提出することで、事業者から消費者にモニター料などを支払う形式の取引です。

　モニター商法においては、消費者がモニターとして感想などを事業者に提出したにもかかわらず、事業者がモニター料などを支払わないといったトラブルが発生しています。

▌どんな規制があるのか

　特定商取引法は、業務提供誘引販売取引を行う事業者に対するおもな規制として、①広告規制、②迷惑メール規制、③勧誘行為などに関する規制、④書面交付義務を設けています。

①　広告規制

　業務提供誘引販売取引について広告をする事業者は、一定の事項を必ず記載しなければなりません。具体的には、商品・役務の種類、商品名、特定負担の内容、事業者が消費者に仕事を提供する際の条件、事業者の氏名（法人の場合は名称）・住所・電話番号などについて、広告の中で明示しなければなりません。

　さらに、誇大広告等を行うことが禁止されています。具体的には、特定継続的役務提供などと同様に、著しく事実と異なる表示や、実際のものより著しく優良であるか、著しく有利であると誤認させる表示をすることが禁止されています。たとえば、業務提供利益について、実際よりも著しく有利である（多く稼げる）と誤認させる形式で広告をする場合などが挙げられます。

②　迷惑メール規制

　事前に消費者が請求をしたり承諾を与えたりした場合に限り、業務提供誘引販売取引に関する電子メール広告を消費者に送信することが認められます（オプトイン規制）。

③　勧誘行為などに関する規制

　業務提供誘引販売取引の勧誘に先立ち、事業者の氏名（名称）、特

定負担を伴う契約締結の勧誘目的であること、勧誘対象の商品や役務の種類を消費者に告げなければなりません。さらに、契約の勧誘を行う際に、不実の告知、故意による事実の不告知、威迫行為、勧誘目的を隠す行為をすることが禁止されています。これらの行為は、訪問販売における禁止行為にも含まれています。

④ 書面交付義務

事業者が消費者に対して交付しなければならない書面は、連鎖販売取引などと同様に、概要書面と契約書面の2つです。契約締結前に交付するのが概要書面、契約締結時に交付するのが契約書面です。概要書面と契約書面の記載事項はほぼ同じで、事業者の氏名（名称）・住所・電話番号、商品・役務の種類・内容など、商品名、商品・役務を利用する仕事の提供に関する条件、特定負担の内容、契約の解除に関する事項などの記載が必要です。

■ クーリング・オフなども利用できる

業務提供誘引販売取引について、消費者は、事業者から契約書面の交付を受けた日から起算して20日以内に、書面によってクーリング・オフを行使できます。この点につき、事業者によるクーリング・オフ妨害があった場合には、あらためて契約書面が交付される日まで行使期間が進行しません。

さらに、クーリング・オフの行使期間が経過しても、事業者による不実の告知や故意による事実の不告知によって誤認し、契約を締結した消費者は、追認できる時（不実の告知などがあったことを知った時）から1年以内であれば、契約の申込みや承諾の意思表示の取消しをすることができます。

その他、消費者の債務不履行を理由に事業者が契約を解除した場合に、消費者が支払う損害賠償額を制限する規定もあります。

15 訪問購入

訪問購入とは

　訪問購入とは、事業者が消費者の自宅など事業者の営業所以外の場所に訪問し、消費者から物品を購入する取引です。たとえば、消費者の自宅に訪問し、その消費者が所有する貴金属を購入する場合が典型例として挙げられます。これを強引に行うことは押し買いと呼ばれ、消費者の被害も発生しています。

　訪問購入の対象は、原則としてすべての物品です。たとえば、指輪やネックレスなどの貴金属は対象に含まれます。しかし、自動車（2輪のものを除く）、家電（携行容易なものを除く）、家具、書籍、有価証券、ゲームソフト、DVD などは、例外的に訪問購入の対象から除外されています。

どんな規制があるのか

　特定商取引法では、訪問購入を行う事業者へのおもな規制として、①不招請勧誘の禁止、②事業者の氏名等の明示義務、③書面交付義務、④禁止行為を設けています。

①　不招請勧誘の禁止

　不招請勧誘とは、消費者が要請をしていないのに、訪問購入について事業者が勧誘を行うことをいいます。反対に、招請勧誘とは、事業者が消費者の要請を受けてその自宅などに訪問し、訪問購入について勧誘を行うことです。

　特定商取引法は、消費者への不意打ちにあたる不招請勧誘を禁止しており、招請勧誘は禁止していません。ただし、消費者が訪問購入の勧誘を要請した物品以外について、事業者が訪問購入を勧誘した場合

● 訪問購入とは

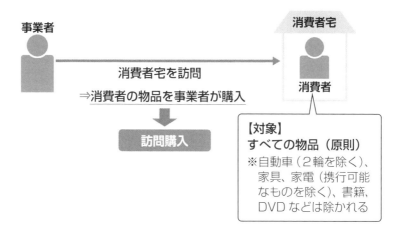

事業者

消費者宅

消費者宅を訪問
⇒消費者の物品を事業者が購入

訪問購入

消費者

【対象】
すべての物品（原則）
※自動車（2輪を除く）、
　家具、家電（携行可能
　なものを除く）、書籍、
　DVDなどは除かれる

は不招請勧誘にあたります。たとえば、消費者が指輪の訪問購入につ
いてだけ勧誘を要請したが、事業者が時計についてまで訪問購入の勧
誘を行った場合、時計については不招請勧誘にあたります。

　なお、消費者が物品の査定を依頼しただけであるときは、訪問購入
について勧誘の要請を行ったことになりません。査定は物品の価格に
ついて情報を得る目的しかないためです。そのため、査定の依頼に基
づいて、事業者が消費者の自宅を訪問し、査定後に消費者から要請を
受けることなく、訪問購入について勧誘をした場合は不招請勧誘にあ
たります。これに対して、消費者が査定を依頼する段階で「査定額に
よっては物品を販売してよい」と告げていた場合は、消費者が訪問購
入の勧誘を受け入れる意思を表明しているといえます。この場合は招
請勧誘にあたるため、事業者が訪問購入について勧誘することが認め
られます。

② 事業者の氏名等の明示義務

　事業者が訪問購入の勧誘に先立って、氏名（法人の場合は名称）、
契約の締結について勧誘する目的であること、購入しようとする物品
の種類を消費者に告げなければなりません。氏名等の明示は、消費者

の要請を受けて自宅などを訪問した場合でも、行わなければなりません。

③ 書面交付義務

　訪問購入において事業者が消費者に対して交付しなければならない書面は、申込書面と契約書面の2つです。申込書面は、事業者が消費者から受けた契約の申込みの内容を記載した書面で、事業者が契約の申込みを受けた後、消費者に対して直ちに交付することが必要です。申込書面に記載しなければならない事項は、事業者の氏名（法人の場合は名称）・住所・電話番号、法人の場合は代表者氏名、物品の種類・購入価格、物品の引渡拒絶権に関する事項、クーリング・オフに関する事項などです。とくにクーリング・オフに関する事項と物品の引渡拒絶権に関する事項は、赤枠の中に赤字で記載しなければなりません。

　契約書面は、事業者と消費者の間で物品の売買契約が成立した時に、契約の内容を記載した上で、事業者から消費者に対して交付しなければならない書面です。契約書面は、契約締結後、遅滞なく（3～4日以内）交付しなければなりません。契約書面に記載しなければならない事項は、基本的に申込書面と同様ですが、契約書面においては、契約内容について申込書面よりも詳細な記載が求められます。

　ただし、消費者が契約の申込みと同時に契約の締結を行う場合には、事業者は、契約締結後、消費者に対して直ちに契約書面を交付すればよく、申込書面の交付は不要です。

④ 禁止行為

　特定商取引法は、訪問購入の勧誘に際しての禁止行為として、再勧誘、不実の告知、故意による事実の不告知、威迫行為を規定しています。いずれの類型も、訪問販売における禁止行為に含まれているものです。

　その他、訪問購入だけの規制として、事業者が訪問購入の対象となる物品の引渡しを受けるため、消費者に引渡し時期などの事項について、不実の告知、故意による事実の不告知、威迫行為をすることが禁

止されています。

そして、事業者が禁止行為をした場合には、主務大臣（経済産業大臣など）から業務改善指示、業務停止命令、業務禁止命令を受けるおそれがあるだけではなく、禁止行為をした従業員を含めて罰則の対象になるおそれもあります。

特定商取引法の適用が除外される場合もある

訪問購入が規制される理由は、消費者と事業者との間に情報の質・量や交渉力の格差があるため、消費者の利益を保護する点にあります。そこで、消費者を特別に保護する必要性が低い場合について、特定商取引法の適用を除外しています。

たとえば、事業者間における訪問購入、海外取引、国や地方公共団体が相手方になる訪問購入は、特定商取引法の適用がすべて除外されます。また、消費者が自宅での契約の申込みや契約の締結を請求した場合や、御用聞き取引・常連取引にあたる場合などは、特定商取引法の適用が一部除外されます。

クーリング・オフを行使できる

訪問購入についても、消費者が冷静な判断ができずに契約を締結し、手放したくない物品を事業者が買い取るという状況が作り出される危険性があることから、消費者に対してクーリング・オフの行使を認めています。消費者によるクーリング・オフの行使期間は、申込書面もしくは契約書面を受領した日から起算して8日間です。この8日間の計算にあたっては、申込書面・契約書面を受領した日も含めます。

ただし、事業者が消費者に対してクーリング・オフの妨害行為をしている間は、8日間を経過しても行使期間が経過していないものと扱われます。この場合、妨害行為が解消され、あらためて必要な事項が記載された申込書面・契約書面を消費者が受領した日からクーリン

グ・オフの行使期間が進行します。

　消費者がクーリング・オフを行使する場合は、事業者に対して内容証明郵便などの書面で通知する必要があります。口頭での通知は認められていません。そして、クーリング・オフの効力は、消費者がクーリング・オフに関する書面を事業者に対して発送した時点で生じます（発信主義）。したがって、8日以内にクーリング・オフを行使する書面が事業者に届かなくても、8日以内に書面を発送していれば、クーリング・オフの効果が生じます。

　クーリング・オフの効果は、最初から契約が締結されなかったのと同じ状態になることです。そのため、契約がなかった状態に回復する義務（原状回復義務）が生じます。たとえば、事業者が物品の引渡しを受けていれば、消費者に物品を返還しなければなりませんが、返還費用は事業者が負担します。反対に、消費者が事業者から代金の支払いを受けていれば、その代金を事業者に返還しなければなりません。ただし、消費者がクーリング・オフを行使したことにより、事業者に損害が生じても、消費者はその損害を賠償する必要はありません。

■ クーリング・オフの行使期間中の引渡拒絶権

　特定商取引法では、訪問購入におけるクーリング・オフの行使期間中、消費者が事業者に対して物品の引渡しを拒絶することを認めています。これを引渡拒絶権といいます。事業者は、消費者から訪問購入に関する物品の引渡しを受けるときは、消費者に対して、消費者が引渡拒絶権を持つことを告知しなければなりません。

　訪問購入に関する契約が締結された場合、消費者は、事業者に対して物品を引き渡さなければなりません。しかし、契約締結後すぐに消費者が物品を事業者に引き渡すと、事業者が第三者にその物品を転売してしまい、消費者がクーリング・オフを行使しても、第三者から物品の返還を受けることが困難になる可能性があります。そこで、クー

● 引渡拒絶権

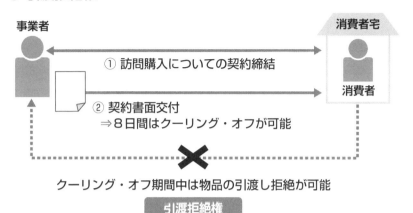

リング・オフの実効性確保のため、その行使期間中は、消費者に対して引渡拒絶権を認めています。

　なお、消費者が物品を引き渡した場合で、クーリング・オフの行使期間中に、事業者が第三者にその物品を転売したときには、遅滞なく一定の事項を消費者に通知する他、その物品を引き渡す時に一定の事項が記載された書面を、転売先である第三者に交付することも必要とされています。

▌不実の告知などを理由とする取消権はない

　訪問購入については、他の特定商取引と異なり、不実の告知や故意による事実の不告知を理由とする取消権の制度が設けられていません。訪問購入に際して不実の告知などがあったときは、消費者契約法などが適用されます。その一方で、消費者の債務不履行によって契約が解除された場合に、事業者に対する損害賠償の額を制限する規定は設けられています。

16 ネガティブオプション

■ ネガティブオプションとは

　ネガティブオプションとは、商品の購入を希望していない消費者に対して、事業者が売買契約の申込みを行い、一方的に商品を消費者の自宅などに送付する行為です。一般に「送りつけ商法」「押しつけ販売」と呼ばれているものです。

　たとえば、消費者が注文していないにもかかわらず、事業者が通信教材や健康器具などを突然送付するケースなどが挙げられます。その際に「1週間以内に返送がない場合には、購入したものとして扱います」などと記載した書面を同封し、強引に商品の売買契約を締結しようとする悪質な事業者もいます。

　最近では、より悪質なネガティブオプションを行う事業者も存在します。消費者が注文していない商品を一方的に送りつける点では、通常のネガティブオプションと同様ですが、その際に、事業者が代金引換郵便を利用して消費者に商品を送付する場合があります。この場合、消費者は郵便の受け取りと引き換えに代金の支払いを請求されるため、消費者が商品の受領を断りにくい状況が作り出され、消費者にとって望まない売買契約の締結を余儀なくされるおそれがあります。

■ ネガティブオプションと契約の成否

　ネガティブオプションが行われたとしても、事業者が一方的に消費者に対して商品を送付しただけで、消費者が売買契約の締結を承諾するとの意思表示を欠いています。したがって、売買契約は成立しておらず、消費者は送付された商品を購入する義務を負いません。前述の例のように、商品の送付とあわせて「1週間以内に返送がない場合に

● ネガティブオプション（送りつけ商法）……………………………

事業者　　　　　　　　　　　　　　　　　　　　　　　　**消費者**

売買契約の申込み ＋ 商品の送付

ネガティブオプション（消費者は売買契約を承諾していない）

⇒ 当事者の意思が合致していないため売買契約は成立しない

★「1週間以内に返品がなければ売買契約が締結されたとみなす」
という内容の書面が同封されている場合

⇒ 1週間経過後も消費者が承諾の意思表示をしていなければ、
売買契約は締結されたとみなされない

は、購入したものとして扱います」などと記載された書面が同封され、消費者が商品を返送しなかったとしても、それによって売買契約が成立することはありません。

ただし、事業者が一方的に送付してきた商品を消費者が使用した場合は注意が必要です。この場合、事業者が商品を一方的に送付する形で行った売買契約の申込みに対し、消費者が承諾を与えたと評価される場合があるからです。商品の用法に従って使用した場合や、商品を消費した場合は、消費者が売買契約を承諾したものとして扱われる可能性があります。しかし、単に商品の梱包を解いた程度では商品を使用したことになりません。

また、消費者が配達員に代金を支払っただけでは、消費者が売買契約を承諾したことになりません。しかし、代金の返還を事業者に請求するという手間を要するので、消費者としては、見知らぬ代金引換郵便は受取拒否をすることで対処するのが賢明です。

▌特定商取引法が規定する規制

特定商取引法では、ネガティブオプションを特定商取引に含めてい

ませんが、これにより消費者が売買契約の締結を余儀なくされることがないように規制を設けています。なお、ネガティブオプションとして規制対象に含まれる商品について、特定商取引法は制限を設けていないため、すべての商品に関するネガティブオプションが規制対象に含まれます。

　具体的には、事業者から一方的に送付された商品を消費者が受け取った後、商品の購入について承諾を与えることなく、商品の受領日から起算して14日が経過すると、事業者は、消費者に対して商品の返還を請求できなくなります。事業者による商品の返還請求権を奪うことによって、事業者が消費者に対して商品を一方的に送付する行為を抑止しようとしています。

　ただし、一方的に送付された商品について、消費者が事業者に対して商品の引き取りを請求した場合には、引き取りの請求日から起算して7日が経過すると、事業者は消費者に対して商品の返還を請求できなくなります。

　そして、事業者が商品の引き取りを行う場合には、実際に消費者の自宅などに行き、商品の回収を行う必要があります。電話などによって事業者が商品の返送を消費者に請求しただけでは、事業者が商品の引き取りをしたことになりません。

　特定商取引法による上述の規制が適用されると、事業者は商品の返還を消費者に請求できなくなるため、消費者は、それ以後は商品を使用・消費しても、事業者に対して代金支払義務や損害賠償義務を負うことはありません。また、ネガティブオプションは消費者にとって不要な商品が一方的に送付される場合が多いことから、消費者が商品を廃棄することも許されます。

商品の保管義務はいつまで負うのか

　ネガティブオプションは、消費者が注文していない商品が送付され

るため、送付された商品の所有者は、消費者ではなく事業者の元にあります。したがって、前述した商品の受領日から起算して14日（消費者が商品の引き取りを請求した場合は、請求日から起算して7日）が経過するまで、消費者は、勝手に商品の使用・消費・廃棄などができません。消費者は送付された商品の保管義務を負うことになります。

そして、前述した期間内に、事業者が商品の引き取りに消費者の自宅などへやって来た場合には、消費者は商品の返還に応じなければなりません。その際、商品の保管費用が発生していれば、消費者が事業者に対してその費用の支払いを請求できます。

なお、一方的に送付されてきた商品に対して消費者が負担する保管義務の程度は、取引の上で要求される善良な管理者としての保管義務ではなく、自己の財産に対するのと同程度の注意を払って商品を保管する義務に軽減されると考えられています。

▎特定商取引法の適用が除外される場合もある

ネガティブオプションの規制は、日常の生活の中で突然起こり得る悪質な送りつけ商法から一般の消費者を守ることが目的です。言い換えれば、一般の消費者が関わらない送りつけは、その規制の対象外となる場合があります。そのため、たとえば、小売業者や個人経営の販売店に対し、実際に店舗で販売している品物と同種の商品が送りつけられた場合には、ネガティブオプションの規制は及びません。なぜなら、この場合の送りつけ行為には、送りつけた事業者による「商品を買い取って店舗で売ってほしい」という申込みの要素があり、これを小売業者などが承諾するかどうかは経営的な判断となるからです。したがって、小売業者などが承諾しない限り、商品の売買契約は成立しないものの、ネガティブオプションの規制も及びません。このため、受領日から14日を経過しても保管義務からは解放されないので、商品を返送するなどの措置を講じる必要があります。

特定商取引法上の適用除外

　特定商取引法は、その適用対象である特定商取引にあたる取引であっても、特定商取引法の規定が適用されない場合（適用除外）について規定を設けています。

　適用除外される場合は、特定商取引法の目的である消費者保護という観点から見たときに、特定商取引法による規制を及ぼす必要性が低い取引だということができます。たとえば、①営業のために、もしくは営業としてする取引（事業者間の取引）、②国や地方公共団体が行う取引、③労働組合などがその組合員に対して行う取引、④事業者がその従業者に対して行う取引、⑤外国にいる者との間で行う取引について、特定商取引法の適用が除外されています。

　しかし、連鎖販売取引と業務提供誘引販売取引に関しては、とりわけ消費者保護の必要性が高いことから、たとえ①〜⑤のいずれかにあたるとしても、特定商取引法の適用が除外されません。もっとも、連鎖販売取引や業務提供誘引販売取引の場合は、クーリング・オフ制度などについて、店舗や事業所を設けていない個人に限定して適用するという規定を置いています。そのため、法人や店舗や事業所を設けている個人に対しては、連鎖販売取引や業務提供誘引販売取引に関する規定の一部が適用されないことがあります。

　さらに、他の法律の規定によって、特定商取引法の適用を除外している場合もあります。その法律によって消費者保護を適切に図ろうとする趣旨です。たとえば、金融商品取引法では金融商品の取引について、宅地建物取引業法では宅地建物の取引について、弁護士法では弁護士への依頼について、特定商取引法の適用を除外しています。

第4章

割賦販売法の
しくみ

図解 割賦販売法のしくみ

割賦販売法とは

　消費者が事業者から商品などを購入する際、その代金については、一括払いの他に、複数回に分割して後払いすることがあります。事業者にとっても、多種多様な支払方法を消費者に適宜選択してもらうことが、ビジネスチャンスの拡大に寄与するということができます。

　代金の後払いの典型例として、クレジットカードを利用した取引を挙げることができます。カードを利用した取引には、事業者と消費者との間の当事者のみで完結するものもありますが、カード会社（カードを発行した会社）が介在する形式が一般的です。

　そこで、複雑な取引形態を含む取引についてのルールを明確化することにより、消費者が不利益を受けることを防ぐとともに、公正な割賦販売などに関する取引の実現を図るため、割賦販売法がさまざまな規制を設けています。

● 割賦販売法の規制対象となる取引

【割賦販売法の条文構造】：全5章から構成されている

　⇒ 6種類の取引が規制の対象に含まれる

① 割賦販売

商品などの代金を2か月以上・3回以上に分割して支払う取引

② ローン提携販売

商品などの代金を支払うために消費者が金融機関から借り入れた金銭について、事業者が保証する形式の取引

③ 包括信用購入あっせん

消費者が事前に交付を受けたカードを提示することによって成立する商品の販売などの取引　など

④ 個別信用購入あっせん

カードを利用せず、商品などの代金について信販会社が立替払い
をし、消費者がその信販会社に立替分を返済する取引

⑤ 前払式特定取引

代金の全部もしくは一部を2か月以上・3回以上に分割して支払っ
た後に、他の事業者から商品の交付や指定役務の提供を受ける取引

⑥ 前払式割賦販売

指定商品の代金の全部もしくは一部を2か月以上・3回以上（うち、
前払い2回以上）に分割して支払った後に、商品が引き渡される方
式の取引

● 割賦販売法が規定する取引類型の特徴

取引類型	契約主体 （当事者以外の 関与の有無）	方　式 （カードの 利用の有無）	条件など	適用対象
割賦販売	無	いずれも 可能	割賦払い （リボ払いの場合 はカード利用）	指定商品 指定役務 指定権利
ローン 提携販売	有 （金融機関が関与）	有	割賦払い （リボ払いの場合 はカード利用）	指定商品 指定役務 指定権利
包括信用購入 あっせん	有 （カード会社が関与）	有	2か月後後払い （リボ払いも利用可）	不動産以外の商品 すべての役務 指定権利
個別信用購入 あっせん	有 （信販会社が関与）	無	2か月後後払い	不動産以外の商品 すべての役務 指定権利
前払式 特定取引	有 （商品などの 取次業者が関与）	無	割賦前払い	すべての商品 指定役務（他の場合 と内容が異なる）
前払式 割賦販売	無	いずれも 可能	割賦前払い	指定商品

1 割賦販売法の目的と規制対象

割賦販売法はなぜ必要なのか

　私たちは、自動車、電化製品、宝石、英会話教室といった高額な商品やサービスを購入する際に、代金を分割して支払うことがあります。たとえば、100万円の中古自動車を1か月10万円ずつ支払うような場合です。割賦販売法は、このように代金を分割して支払う方法をとる取引について規律する法律です。

　現在では、クレジットカードを利用した取引が広く普及しています。クレジットカードを利用した商品などの購入も、原則として割賦販売法の対象に含まれます。消費者の側から見ると、分割払いで支払うことは、一括払いで支払う場合と比べて1回に支払う額が少なくなるため、高額の商品を安易に購入してしまうことが問題視されています。その結果として、クレジットカードなどの分割払いによる支払いが、金銭の借入れの返済と同様に、消費者の資産を圧迫し、個人破産などを招いてしまう原因のひとつになっています。

　さらに、スマートフォンなどの通信機器を購入する際に、携帯電話会社が用意した分割払いを利用するケースが、最近では増えています。そのため、割賦販売法は、消費者の利益を保護するとともに、分割払いによる取引の公正を確保するため、重要性が増しているといえます。

どんな契約や販売行為を規制しているのか

　割賦販売法が規制の対象とする取引は、①割賦販売、②ローン提携販売、③包括信用購入あっせん（包括クレジット）、④個別信用購入あっせん（個別クレジット）、⑤前払式特定取引、⑥前払式割賦販売です。

① 割賦販売

● 割賦販売法の規制対象 ・・・

規制対象の取引	概　要
①割賦販売	代金の支払いが2か月以上にわたり、3回以上に分割する方法の取引
②ローン提携販売	消費者が金融機関からローンを組んで金銭を借り入れ、借入金を商品などの代金支払いに充当し、借入金を分割払い（2か月以上かつ3回以上）で返済するという一連の取引
③包括信用購入あっせん	信販会社などがあらかじめ消費者に信用を与え、消費者が商品を購入したときに、代金を信販会社が販売業者に立て替え払いし、後に消費者に代金を請求する形態の取引
④個別信用購入あっせん	信販会社などが個別の取引ごとに信用を与え、消費者が商品を購入したときに、代金を信販会社が販売業者に立て替え払いし、後に消費者に代金を請求する形態の取引
⑤前払式特定取引	経済産業大臣の許可を受けた事業者に代金を支払うことにより、消費者が特定の商品やサービスの提供を受けることができる形態の取引
⑥前払式割賦販売	指定商品の引渡しに先立って、消費者から2回以上にわたりその代金の全部または一部を受領する割賦販売

　割賦販売とは、代金の支払いが2か月以上にわたり、3回以上に分割されている取引のことです。たとえば、30万円の商品を購入し、毎月10万円を3回に分けて支払う取引が挙げられます。

　どのような商品やサービスも割賦販売として規制されるわけではありません。割賦販売として規制されるのは、政令（法律に基づいて内閣が定める立法のこと）で指定された指定商品・指定役務・指定権利を購入する場合に限定されています。また、割賦販売の当事者は、事業者（売主）と消費者（買主）だけです。

②　ローン提携販売

　ローン提携販売とは、消費者が商品などの代金を、事業者が提携している金融機関からローンを組んで借り入れ、その借入金をもって代

金の支払いに充当し、金融機関に対して借入金を分割払いで返済するという一連の取引です。ローン提携販売として規制対象となるのは、消費者による返済が2か月以上にわたり、3回以上に分割されている場合です。また、ローン提携販売として規制されるのは、指定商品・指定役務・指定権利を購入する場合に限定されています。ローン提携販売は、事業者が消費者の保証人になり、一定のリスクを負うので、あまり利用されていません。

③　包括信用購入あっせん（包括クレジット）

　包括信用購入あっせん（包括クレジット）は、信販会社が事前に消費者に信用を与え、消費者が商品を購入した際に、信販会社が事業者に代金の立替払いをし、後から消費者に立て替えた代金を請求するという一連の取引です。包括信用購入あっせんの典型例がクレジットカードを利用した取引です。信販会社は、消費者による利用について包括的に信用を与え、消費者にクレジットカード発行します。そして、消費者がクレジットカードを提示して買い物をした場合に、事業者にクレジットカードの発行会社が代金の立替払いをし、後から消費者に立て替えた代金を請求します。包括信用購入あっせんは、ローン提携販売と異なり、事業者が保証人になりません。

④　個別信用購入あっせん（個別クレジット）

　個別信用購入あっせん（個別クレジット）とは、消費者が事業者から商品などを購入し、その代金は事業者と提携する信販会社が立替払いをし、信販会社が立て替えた代金を消費者に請求するという一連の取引です。包括信用購入あっせんでは、消費者に対してクレジットカードを発行するなどして包括的に信用を与えているのに対し、個別信用購入あっせんでは、消費者に対して取引ごとに信用を与えているという点で違いがあります。

⑤　前払式特定取引

　前払式特定取引とは、商品の引渡しやサービスの提供に先立ち、経

済産業大臣の許可を受けた事業者に代金を支払うことで、消費者が特定の商品やサービスの提供を受けることができる取引です。たとえば、百貨店の友の会に入会し、月々の会費を支払うと、商品券などが提供される取引が挙げられます。前払式特定取引も2か月以上にわたり、3回以上に分割する支払方法が採用されています。

⑥ **前払式割賦販売**

指定商品（⇨ P.148）の引渡しに先立って、消費者から2回以上にわたりその代金の全部または一部を受領する割賦販売のことです。前払式割賦販売の対象となるのは、指定商品に限定されています。

▌割賦販売法はあらゆる取引を規制するわけではない

割賦販売法は、事業者の側が行っているあらゆる取引を全面的に規制しているわけではありません。割賦販売法が規制している取引の形態は、原則として前述した①〜⑤のいずれかにあてはまる取引に限定されています。たとえば、消費者が携帯会社からスマートフォンを購入する場合において、現金の一括払いで購入するときは、①〜⑤のいずれにもあてはまらないので、割賦販売法の規制が及びません。しかし、消費者がスマートフォンを購入する際に、代金を2か月以上にわたり、3回以上に分割して携帯会社に支払うとする場合は、①割賦販売にあたるものとして割賦販売法の規制が及びます。

さらに、消費者がスマートフォンを購入する際に、クレジットカードを利用した場合は、③包括信用購入あっせんにあたるものとして割賦販売法の規制が及びます。これに対して、消費者がクレジットカードを利用しないで、携帯会社が提携する信販会社がスマートフォンの代金を立て替えて、消費者が信販会社に対して代金を分割払いする場合は、④個別信用購入あっせんにあたるものとして割賦販売法の規制が及びます。

2 指定商品・指定役務・指定権利性

指定制度とは

　指定制度とは、割賦販売法の規制対象に含まれる取引と規制対象に含まれない取引とを区別するため、一定の商品・権利・役務を特定する制度です。

　割賦販売法は、悪質事業者から消費者を守り、健全な取引が行われることを目的としています。そこで、消費者を保護する規定を設けていますが、これは事業者に負担を強いる規定を設けているということもできます。たとえば、契約締結時などに際して書面の交付を義務づける規定や、契約書などに記載しなければならない事項に関する規定、反対に記載してはならない事項（不当条項）に関する規定など、さまざまな制限を事業者に課しています。しかし、事業者が取引を行うごとに多大な規制を強いられると、円滑な取引の実現が困難になるおそれがあります。

　そこで、割賦販売法は指定制度をとり、割賦販売法の規制対象に含まれる取引と、規制対象に含まれない取引とを明確に区別することで、事業者に対して、あらかじめ規制対象の取引にあたるかどうかを知らせています。これにより、事業者は、規制対象の取引にあたる場合には、割賦販売法が適用されるのを念頭に置いて、消費者との取引を適切に進めることが可能になります。

　政令により指定されている商品・権利・役務は、これまでに消費者トラブルが起きた商品・権利・役務です。いまだ消費者トラブルが起きていない商品・権利・役務は、政令により指定されていませんが、今後、消費者トラブルが起きたときは、政令により追加して指定される可能性があります。

● 指定制度とは ··

指定制度	割賦販売法の規制対象となる商品・権利・役務を特定する制度

指定の対象	具体例
指定商品	真珠、衣服、書籍、電話機（スマートフォンを含む）、自動車、化粧品　など54品目
指定権利	皮膚を清潔にするための施術を受ける権利 スポーツ施設を利用する権利　など8権利
指定役務	語学の教授 結婚希望者を対象とした異性の紹介　など11役務

指定制度を一部採用していない取引もある

　指定制度により割賦販売法の規制対象を限定している取引は、割賦販売とローン提携販売です。前払式特定取引は、商品と2種類の役務だけが規制対象に含まれます。

　これに対して、個別信用購入あっせんは、商品や役務について指定制度を採用していないため、原則として、すべての商品や役務に関する取引が割賦販売法の規制対象に含まれます。包括信用購入あっせんは、指定制度自体を採用していませんが、権利についてはおもに指定権利に関する取引を規制対象に含めています。

指定商品・指定役務・指定権利にあたるのは何か

　指定制度により特定された商品・権利・役務を指定商品・指定役務・指定権利といい、割賦販売法施行令という政令が規定しています。指定商品は、真珠、衣服、書籍、電話機、自動車、化粧品など54品目が指定されています。指定権利は、皮膚を清潔にするための施術を受ける権利や、スポーツ施設を利用する権利など8権利が指定されています。指定役務は、語学の教授や、結婚希望者を対象とした異性の紹介など11役務が指定されています。

3 割賦販売

割賦販売とは

　割賦販売とは、消費者が２か月以上の期間にわたり、３回以上に分割して、指定商品・指定権利・指定役務の代金を支払う方式によって締結される契約形式のことです。割賦販売の対象となるのは、指定商品・指定役務・指定権利に関する取引に限定されています。分割払いであっても、期間が２か月未満の場合や、２回払いの場合は、割賦販売にあたりません。割賦販売にあたる取引については、①個品方式、②総合方式、③リボルビング方式の３つに大きく分類することができます。

　①個品方式は、個々の取引ごとに分割払いを申し込む形態の取引です。たとえば、同じ消費者と事業者の間で、商品Ａと商品Ｂの売買契約を締結する場合に、事業者が、商品Ａ・商品Ｂの契約ごとに消費者の支払能力などを審査し、商品を提供して分割で代金の支払いを受けます。

　②総合方式は包括方式ともいい、事業者が発行したクレジットカード（ハウスカード）を利用する方式です。事業者が消費者の支払能力などを審査し、クレジットカードを発行した後、消費者がそのクレジットカードを利用して商品を購入し、分割で支払うことを決定します。総合方式はクレジットカードを交付する時点で、事業者が消費者の信用を審査しているため、個々の取引ごとの審査が不要です。消費者もクレジットカードの利用上限額の範囲内であれば、事業者との間で自由な取引が可能です。

　③リボルビング方式もクレジットカードを利用する方式です。あらかじめ事業者からクレジットカードの交付を受ける点や、クレジット

● 割賦販売の分類 ………………………………………………

分　類	内　容　な　ど
①個品方式	● 個々の取引ごとに分割払いを申し込む形態の取引 （例）商品を購入するごとに、消費者が事業者に代金の分割払いを申し込む
②総合方式	● クレジットカードを利用する形態の取引 （例）消費者が事前に事業者から交付されたクレジットカード（ハウスカード）を利用して商品を購入し、分割で代金の支払いをする
③リボルビング方式	● クレジットカードを利用する形態の取引 ● 毎月の支払額をあらかじめ設定する点に特徴 （例）140万円の商品を購入した場合で、毎月の支払額を3万円と設定すると、クレジットカードの利用上限額の範囲内であれば、いくら分の商品などを購入しても毎月の支払額は3万円

カードの利用上限額の範囲内で、事業者から自由に商品などを購入できる点は総合方式と同じです。リボルビング方式の特徴は、毎月の支払額もあらかじめ設定できる点です。

契約にあたって事業者がしなければならないこと

　事業者が割賦販売を行うときには、現金販売価格や割賦販売価格（個品方式の場合）、支払いの期間や回数、手数料率などの条件を表示しなければなりません。その後、契約の締結を行ったときには、割賦販売価格、賦払金の額（各回の支払額）、賦払金の支払時期・方法、商品引渡し・権利移転・役務提供の時期など、必要事項を記載した契約書面を交付しなければなりません。

　さらに、賦払金の支払いを消費者が怠っても、20日以上の期間を定めて書面で支払いを求め、その期間内に支払いがない場合でなければ、事業者は、契約解除や残金全額の支払請求ができないとする規制（契約の解除等の制限）などもあります。

4 ローン提携販売

ローン提携販売とは

　ローン提携販売は、割賦販売と同様に、対象となるのが指定商品・指定役務・指定権利の販売に限定される他、消費者による代金支払いの方法が、2か月以上の期間にわたり、3回以上の分割によるものに限定されます。ローン提携販売と割賦販売との違いは、事業者と消費者との取引に際して、消費者と金融機関が金銭消費貸借契約を締結し、事業者と金融機関が保証契約を締結する点です。ここでの金融機関については、事業者と提携関係にある銀行や信販会社などを事業者の側で指定するのが通常です。

　ローン提携販売では、消費者が事業者から商品などを購入する際に、金融機関との間で金銭消費貸借契約を締結し、購入代金を借り入れます。このとき、事業者が消費者が行う借入金返済について、金融機関との間で保証契約を締結します。

　たとえば、300万円の自動車の売買契約において、消費者が金融機関との間で300万円の消費貸借契約を締結し、自動車の販売業者（事業者）が金融機関との間で保証契約を締結したとします。この場合、消費者は、借り入れた300万円を自動車の購入代金として、販売業者（事業者）に支払います。その後は、消費者が金融機関に300万円を分割払いで返済していくことになります。このように、ローン提携販売では、消費者の借入れについて、事業者が金融機関との間で保証契約を締結するため、消費者が返済を怠ると、事業者が代わりに借入金を金融機関に支払わなければなりません。

　なお、割賦販売法のローン提携販売にあたるのは、総合方式とリボルビング方式です。個品方式のローン提携販売は「個別信用購入あっ

● ローン提携販売とは

事業者　　　　　　　　　　　　**消費者**

自動車の売買契約（300万円）

借り入れた金銭で代金を支払う

300万円の　　消費貸借契約
分割返済　　　（300万円）

消費者の借入れに関する保証契約の締結

金融機関

消費者が返済を怠った場合
⇒事業者が金融機関に金銭を支払わなければならない

せん」に含まれることに注意を要します。

契約にあたって事業者がしなければならないこと

　事業者は、消費者の支払能力が不十分であれば、代わりに支払わざるを得なくなるおそれがあるため、その支払能力をあらかじめ審査します。審査の結果、事業者が消費者に対してクレジットカードなどを発行するときは、ローン提携販売をする場合の販売条件に関する事項を消費者に書面で明示しなければなりません。

　その後、契約の締結を行ったときは、事業者は、支払総額、分割返済金の額（商品・役務・権利の価格と借入金の利息などの合計額）、分割返済金（各回の返済分）の額、分割返済金の時期と方法、商品引渡し・権利移転・役務提供の時期、契約の解除に関する事項などを消費者に書面で明示する必要があります。

　さらに、消費者が事業者に対して、法律上代金の支払いを拒むことができる事由（抗弁事由）がある場合には、消費者は、その抗弁事由を理由にして、金融機関に対して返済を拒むことができます。これを抗弁の接続といいます。

5 包括信用購入あっせん

包括信用購入あっせんとは

　包括信用購入あっせん（包括クレジット）とは、消費者と包括信用購入あっせん業者との間で、商品の購入代金などをあらかじめ設定した利用限度額まで立替払いをする内容の取引形態です。消費者と事業者との間で締結された商品の売買契約などの代金を、包括信用購入あっせん業者が事業者に立替払いした後で、消費者がその立て替えた代金を包括信用購入あっせん業者に支払います。なお、包括信用購入あっせんは指定制度を採用していませんが、原則として、すべての商品や役務に関する取引が規制対象になるのに対し、権利についてはおもに指定権利に関する取引が規制対象になるという違いがあります。

　包括信用購入あっせんの典型例がクレジットカードを利用した商品の取引です。具体的には、クレジットカード発行業者である包括信用購入あっせん業者と事業者との間で加盟店契約が結ばれます。加盟店契約とは、クレジットカード決済ができるようにするための契約です。クレジットカードには利用限度額が設定されていますが、この利用限度額の範囲内で、消費者は自由に商品の購入などができます。加盟店である事業者は、商品であれば消費者に引き渡しますが、代金は包括信用購入あっせん業者から受け取ります。

　なお、割賦販売法の包括信用購入あっせんにあたるのは、消費者の包括信用購入あっせん業者に対する支払いについて、分割払いにした場合か、2か月以上の期間を設定した場合であるため、一括払いでもかまいませんが、翌月一括払い（マンスリークリア）は包括信用購入あっせんにあたらないことに注意を要します。

● 包括信用購入あっせんのしくみ ……………………………………

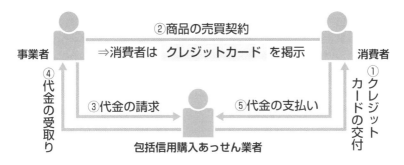

包括信用購入あっせん業者や事業者に対するおもな規制

　包括信用購入あっせん業者となるには、割賦販売法が規定する要件を満たして経済産業大臣に登録をすることが必要です。

　包括信用購入あっせん業者は、消費者へのクレジットカードの交付にあたって、指定信用情報機関（経済産業大臣が指定した消費者の信用情報を管理する機関のこと）を利用し、消費者の支払能力を審査します。その際、消費者の支払可能見込額を超える利用限度額の設定が禁止されています（過剰与信の禁止）。支払可能見込額は、消費者の年収からクレジット債務（１年間の支払予定額）と生活維持費を差し引いた金額となるのが基本です。

　包括信用購入あっせんを用いた契約を締結する場合、事業者と包括信用購入あっせん業者は、消費者に書面を交付しなければなりません。事業者からの書面には、販売価格、商品引渡し・権利移転・役務提供の時期、契約の解除に関する事項などが記載されます。包括信用購入あっせん業者からの書面には、支払総額、各回の支払金額、支払いの時期方法、支払回数などが記載されます。

　さらに、割賦販売と同様の契約の解除等の制限や、ローン提携販売と同様の抗弁の接続についての規定が、包括信用購入あっせんにも適用されます。

6 個別信用購入あっせん（個別クレジット）

個別信用購入あっせんとは

　個別信用購入あっせん（個別クレジット）とは、消費者と個別信用購入あっせん業者との間で、商品の購入代金などを、個別信用購入あっせん業者が立替払いをする内容の契約を締結する形態の取引です。ショッピングクレジットと呼ばれることもある取引です。

　なお、個別信用購入あっせんは、商品や役務について指定制度を採用していませんので、原則として、すべての商品や役務に関する取引が規制対象であるのに対し、権利については指定権利に関する取引のみが規制対象となっています。

　個別信用購入あっせんの典型例が、事業者がテレビの通販番組において、商品を「月々5,000円から購入できます」と宣伝して販売する場合が挙げられます。消費者と事業者との間で商品の売買契約を締結した場合、その代金を個別信用購入あっせん業者が事業者に立替払いをします。その後、消費者が個別信用購入あっせん業者に代金を支払います。割賦販売法の個別信用購入あっせんにあたるのは、包括信用購入あっせんと同様に、消費者の個別信用購入あっせん業者に対する支払いについて、分割払いにした場合か、2か月以上の期間を設定した場合です。

　個別信用購入あっせんは、包括信用購入あっせんと異なり、消費者が商品などを購入するたびに、消費者と個別信用購入あっせん業者との間で、代金の立替払いについて契約を締結しなければなりません。また、取引の実態から見て、包括信用購入あっせんの場合は、消費者の側が包括信用購入あっせん業者（クレジットカード会社）を選択しているのに対して、個別信用購入あっせんの場合は、事業者の側が個

● 個別信用購入あっせんのしくみ

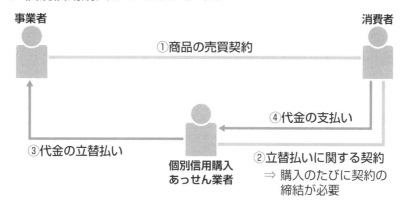

別信用購入あっせん業者（信販会社）を選択しています。

個別信用購入あっせん業者や事業者に対するおもな規制

　個別信用購入あっせん業者となるには、割賦販売法が規定する要件を満たして経済産業大臣に登録をすることが必要です。また、個別信用購入あっせん業者は、消費者の支払可能見込額を超える商品などの契約が禁止されています（過剰与信の禁止）。

　個別信用購入あっせんを用いた契約を締結する場合、事業者は、消費者に書面を交付しなければなりません。書面に記載する事項は、支払総額、各回の支払金額、支払時期や方法、支払回数、商品引渡し・権利移転・役務提供の時期、契約の解除に関する事項（クーリング・オフの事項を含む）などです。特定商取引法が規定する訪問販売や電話勧誘販売などでは、事業者だけでなく、個別信用購入あっせん業者も消費者に書面を交付しなければなりません。

　さらに、割賦販売と同様の契約の解除等の制限や、ローン提携販売と同様の抗弁の接続についての規定が、個別信用購入あっせんにも適用されます。その他、後述するクーリング・オフや過量販売解除権が個別信用購入あっせんに適用されます。

7 前払式特定取引・前払式割賦販売

前払式特定取引とは

前払式特定取引とは、消費者が事業者に代金を分割で前払いすることで、商品が消費者に引き渡されたり、役務（サービス）の提供を受けたりする形態の取引です。たとえば、百貨店の「友の会」のように、一定期間にわたり会費として消費者から代金を徴収し、満期になった時点で会員に商品券などを交付するという内容の取引は前払式特定取引にあたります。前払式特定取引の対象となる取引は、商品の売買の取次ぎ、指定役務の提供、指定役務を提供することの取次ぎ、指定役務の提供を受けることの取次ぎに限られます。

さらに、前払式特定取引における指定役務は、割賦販売などの11役務ではなく、①婚礼（結婚披露を含む）のための施設の提供、衣類の貸与その他の便益の提供や付随する物品の給付と、②葬式のための祭壇の貸与その他の便益の提供や付随する物品の給付という2役務（冠婚葬祭互助会）に限られます。

そして、事業者が契約で約束した商品の引渡しや指定役務の提供に先立って、消費者から代金の全部あるいは一部を、2か月以上にわたり、3回以上に分割して受領する場合に限り、前払式特定取引にあたります。したがって、一括して前払いを受ける場合は前払式特定取引にあたりません。

前払式割賦販売とは

前払式割賦販売とは、指定商品の引渡しに先立って、消費者から2回以上にわたり代金の全部あるいは一部を受領する割賦販売です。割賦販売の一形態であることから、前払式割賦販売の消費者は、2回以

● 前払式割賦販売とは ……………………………………………

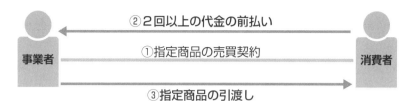

上の前払い分とあわせて、商品代金を2か月以上にわたり3回以上に分けて支払うことになります。たとえば、事業者が会員になった消費者との間で、1年間にわたり毎月掛け金を支払い、すべての掛け金を払い終わった時点で指定商品を引き渡すという売買契約を結んだ場合は、前払式割賦販売にあたります。

前払式割賦販売は、代金の支払いが商品の引渡しよりも前である点で、前払式特定取引と似ています。しかし、前払式割賦販売の場合は、あくまで割賦販売であることから、消費者と事業者との間で商品の売買契約が締結されます。これに対して、前払式特定取引の場合は、事業者が商品については売買の取次ぎをするだけで、商品の売買の当事者にはならず、両当事者の仲介をする別の事業者も取引に関与することになります。

▌契約締結にあたって事業者がしなければならないこと

通常の割賦販売が許可や登録を不要とするのに対し、前払式特定取引や前払式割賦販売を事業として行うためには、経済産業大臣の許可を受けなければなりません。許可を受けるためには、経済産業大臣に申請書を提出する必要があります。

前払式割賦販売に対しては、原則として、通常の割賦販売と同様の規制が及ぶので、事業者は、契約時の書面交付義務や契約の解除等の制限などを遵守することが必要です。しかし、前払式特定取引に対しては、契約時の書面交付義務や契約の解除等の制限はありません。

8 適用除外

割賦販売法の適用除外とは

割賦販売法の適用除外とは、割賦販売、ローン提携販売、包括信用購入あっせん、個別信用購入あっせんなどにあたるにもかかわらず、割賦販売法の規制が適用されない取引をいいます。

割賦販売法が規制対象とする取引は、商品・権利の購入や役務の提供を受ける上で、消費者にとって便利なしくみだといえます。たとえば、一括払いでの購入が難しい商品であっても、個別信用購入あっせんを用いることで、消費者は、代金を分割で支払うことにより商品を購入することが可能になります。

その一方で、割賦販売法が規制対象とする取引は、その内容が複雑でわかりにくいことがあり、消費者の利益を不当に害するおそれがあります。また、個別信用購入あっせんを用いた取引など、代金が高額で分割払いが長期におよぶ場合には、毎月の支払いを継続することが困難になる可能性もあります。

したがって、割賦販売法が規制対象とする取引は、消費者が取引に関する情報を正確に把握し、自らが負うリスクを慎重に検討できるように配慮することで、公正な取引を実現することが求められています。しかし、消費者と事業者との間に一定の関係がある場合など、割賦販売法の規制対象とする必要がない取引については、以下のような適用除外を認めています。

全部適用除外される場合

割賦販売、ローン提携販売、包括信用購入あっせん、個別信用購入あっせんについて、割賦販売法の規制の全部が適用されない場合が規

● 適用除外されるおもな場合 ··

全部適用除外	割賦販売・ローン提携販売・包括信用購入あっせん・個別信用購入あっせんの場合の全部適用除外 ①事業のために、もしくは事業として行う場合 ②事業者が従業員に対して行う場合 ③労働組合が構成員に対して行う場合 ④日本国外にある者に対して行う場合 ⑤国や地方公共団体が行う場合 包括信用購入あっせん・個別信用購入あっせんの場合の全部適用除外 ⑥不動産売買
一部適用除外	個別信用購入あっせんについて、割賦販売法における一部の規定の適用が除外される （飲食店での飲食物の提供、自動車販売など）

定されています。たとえば、①事業のために、あるいは事業として行う場合、②事業者が従業員に対して行う場合、③労働組合が構成員に対して行う場合、④日本国外にある者に対して行う場合、⑤国や地方公共団体が行う場合などが挙げられます。

　さらに、個別信用購入あっせんと包括信用購入あっせんについては、不動産販売に関する場合も全部適用除外となります。不動産販売における代金の分割払いは、住宅ローンの政策の対象と考えられるためです。

一部適用除外される場合

　個別信用購入あっせんについては、割賦販売法の規制の一部が適用されない場合も規定されています。たとえば、消費者が飲食店に行き、その飲食店内で飲食物の提供を受けた場合は、書面交付義務やクーリング・オフの規定が適用されません。自動車販売の場合は、書面交付義務の規定が適用されるのに対して、クーリング・オフの規定が適用されません。

9 個別信用購入あっせんと クーリング・オフ

なぜクーリング・オフが認められているのか

クーリング・オフは、一定の状況の下で契約を締結した消費者に対して、一定の期間内に限り、無条件で契約関係を解消することを認める制度です。具体的には、契約の申込みの撤回と契約の解除を認めています。商品・権利の販売や役務の提供の方法はさまざまで、取引の内容も複雑になっています。クーリング・オフは、一定の期間内であれば、消費者が契約の拘束力から無条件で解放されることを認めて、消費者に対して契約について再考する機会を与えるための制度として機能しています。

本来であれば、いったん契約を締結すると、その拘束力から解放されるのは容易でなく、たとえ詐欺や強迫といった事情があるとしても、それを証明するのは大変です。これに対して、クーリング・オフは、容易に消費者を契約による拘束力から解放させることが可能です。

しかし、クーリング・オフは消費者保護だけに意味があるわけではありません。事業者は、消費者によるクーリング・オフが頻発すると、思うような利益を上げることができなくなります。そのため、消費者からクーリング・オフを受けないように、取引に関する情報を十分に開示するなど、事業者が消費者から理解を得るために努力するようになることが期待できます。

個別信用購入あっせんによる取引では、消費者、事業者、個別信用購入あっせん業者の三者が登場します。個別信用購入あっせん業者とは、信販会社など事業者に対して代金の立替払いを行う業者のことで、一般に個別クレジット業者と呼ばれています。そして、消費者と個別信用購入あっせん業者との間における代金の立替払いなどを内容とす

● クーリング・オフの行使期間（訪問販売の場合）…………

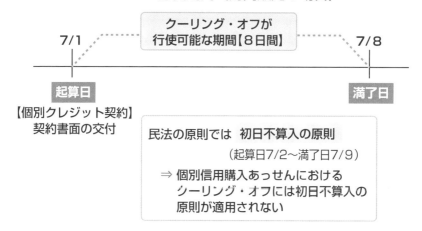

る契約のことを個別信用購入あっせん契約といい、一般に個別クレジット契約と呼ばれています。

　割賦販売法では、クーリング・オフが認められるのは、個別信用購入あっせん契約を利用して、①訪問販売、②電話勧誘販売、③連鎖販売取引、④特定継続的役務提供、⑤業務提供誘引販売取引、という特定商取引法が規定する５つの類型による売買契約が行われた場合であると規定しています。

　これに対して、個別信用購入あっせん以外を利用した場合は、割賦販売法におけるクーリング・オフの対象外です。しかし、他の法律によってクーリング・オフの対象取引にあたる可能性があることに注意を要します。

起算日や日数はどうなっているのか

　クーリング・オフの起算日は、消費者が個別クレジット契約の契約書面あるいは申込書面を受領した日のうち、いずれか早い日となります。申込書面は、個別クレジット業者が消費者から個別クレジット契約の申込みを受けた際に、消費者に対して交付する書面です。たとえ

ば、申込書面を7月1日に受領し、契約書面を7月2日に受領した場合は、申込書面の受領日の方が早いため、7月1日がクーリング・オフの起算日となります。

　民法には初日不算入の原則という制度があります。初日不算入の原則は、期間を計算するにあたり、原則として初日は計算に入れないという制度です。たとえば、8日間を計算する場合、7月1日が初日とすると、7月1日は計算に入れないため、7月2日から期間の計算が始まり、7月9日の満了をもって8日間となります。しかし、個別信用購入あっせんにおけるクーリング・オフは、民法の規定と異なり、初日も計算に入れます。したがって、7月1日に契約書面の交付を受けた場合には、クーリング・オフの期間は7月8日の満了をもって8日間となります。

　クーリング・オフが行使可能な期間は、訪問販売、電話勧誘販売、特定継続的役務提供についての契約は8日間であるのに対し、連鎖販売取引、業務提供誘引販売取引についての契約（無店舗個人に限る）は20日間です。ただし、クーリング・オフの行使を事業者が妨害した場合には、クーリング・オフが行使可能な期間が延長されます。

▌どのように行使するのか

　クーリング・オフは、書面での行使が必要で、口頭ではクーリング・オフを行使したと認められません。クーリング・オフの行使にあたり、消費者が個別クレジット業者に書面を送付すれば、商品などの売買契約の関係も解消されたとみなされます。個別クレジット業者は、消費者からクーリング・オフを行使する書面を受領したときは、商品などの売買契約をした事業者に通知しなければなりません。クーリング・オフを行使する書面の方式は自由ですが、一般には書面の発送日・内容・差出人・宛先などを郵便局が証明する内容証明郵便が用いられています。

申込みの撤回や契約の解除などの意思表示は、相手方への到達時に効力が生じるのが原則です（到達主義）。しかし、クーリング・オフは書面の発送時に効力が生じます（発信主義）。したがって、書面の発送後かつ到達前にクーリング・オフの行使期間が経過しても、クーリング・オフの効果が発生することになります。

どのような効果があるのか

　クーリング・オフを行使すると、契約関係が初めからなかったことになるため、消費者は、代金支払いをした後であれば、個別クレジット業者に対して代金の返還を請求できます。反対に、個別クレジット業者は、消費者に対して、クーリング・オフの行使を理由とする損害賠償や違約金の請求ができません。

　個別クレジット契約は、消費者が事業者に支払う代金相当額を個別クレジット業者が立て替える契約です。消費者が役務（サービス）の提供を受けていた場合や、購入した商品を使用していた場合には、契約関係の解消後に、個別クレジット業者が消費者に対して、役務を受けた分の対価や、商品の使用利益の相当額の支払いを請求できるのが原則です。しかし、これはクーリング・オフの行使の妨げになるため、消費者によるクーリング・オフの行使後は、個別クレジット業者が消費者に対して、役務の対価や商品の使用利益の相当額の支払いを請求できないとしています。この場合、事業者が個別クレジット業者に対して、役務の対価や商品の使用利益の相当額を返還する義務を負います。

　さらに、消費者が商品などの返還に要する費用は、事業者が負担しなければなりません。事業者が消費者から金銭などを受領していた場合は、消費者に返還しなければなりません。また、住宅リフォーム工事を行った場合など、消費者所有の不動産の状態が変更されたときは、消費者は、事業者に対して原状回復措置を無償で行うよう請求できます。

10 個別信用購入あっせんと 過量販売解除権

なぜ過量販売解除権が認められたのか

　過量販売とは、通常必要とされる分量を著しく超える商品の販売や役務の提供についての契約です。過量販売解除権とは、過量販売を消費者がなかったことにできる権利です。

　特定商取引法では、前述したように訪問販売と電話勧誘販売による過量販売にあたる契約を契約締結から１年以内に解除できる（契約の申込みの撤回を含む）と規定しています。

　過量販売解除権が認められる理由として、必要な商品の購入であっても、通常必要とされる分量を著しく超える場合は、消費者に不利益が及ぶことが挙げられます。さらに、個別信用購入あっせん契約（個別クレジット契約）においては、代金回収のリスクを負わない事業者が、消費者に対して過量販売を執拗に勧める可能性が高いことが指摘されています。

　割賦販売法では、消費者と事業者の間で締結された、個別信用購入あっせん（個別クレジット）を利用した訪問販売や電話勧誘販売による契約が過量販売にあたる場合には、消費者は、過量販売にあたる契約を解除できるとともに、これに利用された個別クレジット契約もあわせて解除できると規定しています。個別クレジットの場合には、消費者と事業者との間の契約と、消費者と個別信用購入あっせん業者（個別クレジット業者）との間の個別クレジット契約の２つが存在します。したがって、過量販売にあたる契約の解除だけでなく、個別クレジット契約の解除も認められなければ、消費者が個別クレジット業者に代金を支払い続けなければならず、消費者保護として十分でないため、個別クレジット契約の解除もあわせてできるものとしています。

● 過量販売解除権

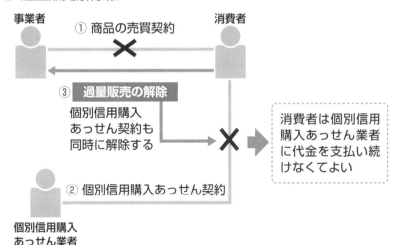

個別信用購入あっせん業者について過量販売の認識は不要

　特定商取引法において、消費者が過量販売解除権を行使できるのは、訪問販売や電話勧誘販売の方法によって、以下のいずれかにあたる契約を締結した場合です。

① 　1回の取引で、消費者にとって通常必要とされる分量を著しく超える商品などの購入の契約をした場合

② 　複数回にわたる同種の商品などの購入の契約（次々販売）によって、以後は消費者によって通常必要とされる分量を著しく超えることになる数量の契約をした場合

③ 　消費者にとって商品などが通常必要とされる分量を著しく超える状態になっているのに、さらに同種の商品などの購入の契約をした場合

　特定商取引法では、②・③の場合に限り、事業者が過量販売であることを知っていることが必要であると規定しています。具体的には、すでに消費者が保有する分量や契約した数量を、事業者が知っている

ことが必要とされています。また、②・③の場合は同じ事業者からの商品などの購入は要件とされていません。したがって、複数の事業者から同種の商品を購入することにより過量となった場合にも過量販売にあたります。

　これに対して、割賦販売法では、過量販売解除権について、個別クレジット業者が過量販売を知っていたことが要件とされていません。したがって、個別クレジット業者が過量販売を知らなくても、消費者は、事業者に対して過量販売解除権を行使する場合には、あわせて個別クレジット業者に対して過量販売解除権を行使できます。個別クレジット契約にあたり、個別クレジット業者は、特定信用情報（購入者や役務提供を受ける者などの包括支払可能見込額や個別支払可能見込額に関する情報）を確認して消費者の支払能力を審査しますが、特定信用情報には過去の個別信用購入あっせんを利用した取引が記録されており、その記録から個別クレジット業者は過量販売にあたるかどうかを判断できるからです。

■ どのように行使するのか

　個別クレジットは、消費者と事業者との契約と、消費者と個別クレジット業者との個別クレジット契約という2つの契約で構成されています。したがって、消費者と事業者との契約が過量販売にあたるため、消費者が過量販売解除権を行使する場合には、事業者と個別クレジット業者の両方に対して同時に行うことが必要です。なお、解除権の行使は、書面による必要はありません。

　ここで「同時に行う」とは、たとえば、書面により過量販売解除権を行使する場合には、同じタイミングで、事業者と個別クレジット業者の両方に書面を発送することを意味します。

　クーリング・オフの場合は、個別クレジット業者に書面を発送すれば、事業者にもクーリング・オフの通知がされたとみなされます。し

かし、過量販売解除権の場合は、それぞれに対して通知を行う必要があります。過量販売解除権の行使期間は、契約締結日から１年間です。クーリング・オフと異なり、期間の計算にあたって初日は算入されず（初日不算入の原則）、通知が相手方に到達した時に解除の効果が発生します（到達主義）。

どのような効果があるのか

　消費者が個別クレジット業者に対して過量販売解除権を行使すると、クーリング・オフの行使と同様に、個別クレジット契約が初めからなかったことになります。この場合、消費者が個別クレジット業者に対して、支払済みの金銭の返還を請求できます。その一方で、個別クレジット業者が事業者に対して、立替金として支払った金銭の返還を請求できます。また、消費者が過量販売解除権を行使したことで個別クレジット業者に損害が生じても、個別クレジット業者は、消費者に対して損害賠償や違約金の支払いを請求できません。

　消費者は、事業者に対して、受領済みの商品を返還しなければなりません。過量販売解除権の行使により、事業者との契約が初めからなかったことになる結果、消費者が商品に対する権利を失うからです。なお、契約締結から過量販売解除権の行使までに相当の期間が経過していると、その期間のうちに消費者が商品を使用して利益を得ていることがあります。契約が解除された場合には、消費者は、使用利益の支払義務を負うのが原則です。しかし、割賦販売法では、個別クレジット業者が消費者に対して使用利益を請求できないと規定しています。

11 割賦販売法上の取消権

割賦販売法上の取消権は個別信用購入あっせんが対象

　割賦販売法上の取消権は、個別信用購入あっせん契約（個別クレジット契約）を利用して、訪問販売、電話勧誘販売、連鎖販売取引、特定継続的役務提供、業務提供誘引販売取引、という特定商取引法が規定する5つの取引をした場合に行使することが認められています。これら5つの取引は、特定商取引法上の取消権の対象となる取引と同様です。

　たとえば、事業者が消費者の自宅に訪れ、商品の購入について交渉した際に、事実ではないことを消費者に告げ（不実の告知）、消費者に事実であると誤認させた場合、消費者は、契約の申込みや承諾の意思表示を取り消すことができます。他にも、消費者が商品を購入し、アンケートに記載すると事業者から謝礼金が得られるとして事業者が勧誘を行う取引について、事実ではないことを消費者に告げ、消費者に事実であると誤認させた場合、消費者は、契約申込みや承諾の意思表示を取り消すことができます。

　そして、消費者が割賦販売法の規定する取消権を行使するためには、上記の5つの取引について、個別信用購入あっせん（個別クレジット）を利用していることが必要です。

　たとえば、商品の訪問販売を行う際に、事業者が消費者に対して信販会社（個別信用購入あっせん業者）を紹介し、その信販会社と消費者との間で個別信用購入あっせん契約を締結し、信販会社が事業者に対して商品代金の立替払いを行い、消費者が信販会社に対して代金相当額を分割で支払う、という一連の取引が行われている場合などが挙げられます。

● 割賦販売法上の取消権 ·····································

割賦販売法上の取消権の対象	個別信用購入あっせん（個別クレジット）を利用して、訪問販売、電話勧誘販売、連鎖販売取引、特定継続的役務提供、業務提供誘引販売取引にあたる契約が行われた場合
取消権の対象となる事業者の行為	・一定の事項に関する不実の告知 ・一定の事項に関する故意による事実不告知
取消権の対象となる一定の事項	・支払総額 ・各回の支払分 ・契約の解除（クーリング・オフを含む） ・商品の品質や役務の種類 ・商品引渡しや役務提供の時期　など

▌不実告知・故意による事実不告知とは

　割賦販売法上の取消権の対象となるのは、特定商取引法上の取消権と同様に、事業者による不実告知あるいは故意による事実不告知があった場合です。不実告知は、一定の事項について事実でないことを消費者に知らせる行為です。故意による事実不告知とは、一定の事項について消費者に不利になると知りながら、わざと事実を消費者に知らせない行為です。

　不実告知により知らせた内容が事実であると誤認し、あるいは故意による事実不告知により知らせない事実が存在しないと誤認したことによって、消費者が契約の申込みや承諾の意思表示をした場合には、消費者は、事業者との契約に加えて、個別信用購入あっせん業者との個別信用購入あっせん契約についても、その申込みや承諾の意思表示の取消しが認められます。

　事業者や個別信用購入あっせん業者が情報を正確に知らせなければならないとしても、すべての情報を提供しなければならないとすると、不利益を受けることになりかねません。たとえば、契約に影響しない

些細な事実を消費者に知らせなかっただけでも、消費者による取消権の行使を認めるならば、事業者や個別信用購入あっせん業者は、契約の締結にあたって非常に慎重にならざるを得ません。これは消費者にとっても契約の締結に時間を要する結果となり、不利益といえます。

そこで、不実告知や故意による事実不告知の対象となる事実は、割賦販売法によって一定の事項に限定されています。不実告知や故意による事実不告知の対象となるおもな事項として、①消費者の支払総額、②各回の支払分の額やその支払時期・方法、③商品の品質や役務の種類、④契約の申込みの撤回や解除に関する事項（クーリング・オフに関する事項を含む）、⑤商品引渡し・権利移転・役務提供の時期が挙げられます。

たとえば、商品がA社製のスマートフォンであること、商品の代金が 10 万円であること、20 回に分割して支払うこと、各回の支払額が 5,000 円であること、毎月 27 日に支払うこと、などは消費者に対して告知すべき一定の事項にあたります。代金に利息がかかるのであれば、利息および利息を含めた代金総額を消費者に知らせることが必要です。また、業務提供誘引販売取引にあたる場合には、消費者が利益を得るために行う業務の内容を知らせなければなりません。たとえば、商品を購入してアンケートを作成すると商品券がもらえるという契約であるときは、アンケートの目的や作成に要する時間などを知らせる必要があります。

▎取消権はどのように行使するのか

割賦販売法上の取消権の行使期間は、①追認をすることができる時（不実の告知などがあったことを知った時）から 1 年間、②契約締結時から 5 年間です。どちらかの行使期間を経過すると、消費者は、割賦販売法上の取消権を行使できなくなります。

なお、消費者が追認（取消しができる意思表示を有効に確定させる

行為のこと）すると、行使期間内であっても取消しができなくなります。また、過量販売解除権と同様に、期間の計算にあたって初日は算入されず（初日不算入の原則）、通知が相手方に到達した時に取消しの効果が発生します（到達主義）。

　割賦販売法上の取消権を行使する場合は、書面によることを要しませんが、意思表示を取り消すという内容の書面を送付する方法によるのが一般的です。事業者との契約と個別信用購入あっせん業者との個別信用購入あっせん契約は別の契約であるため、過量販売解除権と同様に、消費者は、事業者と個別信用購入あっせん業者の両方に対して、取消しの意思表示を同時に行うことが必要とされています。

取消権の効果

　消費者が割賦販売法上の取消権を行使することで、事業者との契約と、個別信用購入あっせん業者との個別信用購入あっせん契約の両方が、初めからなかったことになります。そのため、契約が締結されていなかった状態に戻す義務を負います。

　具体的には、消費者は、個別信用購入あっせん業者に支払いをしている場合には、個別信用購入あっせん業者に対して、その支払い分の返還を請求できます。したがって、取消権を行使した時点で事業者が倒産していても、個別信用購入あっせん業者が倒産していなければ、支払い分の返還を受けることができます。

　その一方で、個別信用購入あっせん業者は、事業者に対して立替金として支払った額の返還を請求できます。しかし、個別信用購入あっせん業者は、消費者が事業者から商品の受け渡しや役務の提供を受けることによって利益を得ていたとしても、消費者に対して、その利益相当額の支払いの請求はできません。

抗弁の接続（支払い停止の抗弁）とは

　抗弁とは、一般には民事訴訟における原告の請求を排斥するための被告の主張という意味です。しかし、割賦販売法における抗弁とは、消費者が事業者からの代金支払いなどの請求を拒絶するための法的な権利を意味します。そして、抗弁の接続とは、通常は事業者以外の第三者に対しては主張できない抗弁を、その第三者に対しても主張できる場合をいいます。抗弁の接続は、第三者に対する代金相当額の支払いを拒絶できる効果があるため、支払い停止の抗弁とも呼ばれています。

　たとえば、個別信用購入あっせん（個別クレジット）を利用した商品の売買契約の場合、商品の売買契約は消費者と事業者の間で締結され、消費者と個別信用購入あっせん業者（個別クレジット業者）との間で個別信用購入あっせん契約（個別クレジット契約）が締結されますが、これらは別々の契約です。この場合、商品に欠陥があって契約内容に適合していなければ、消費者は商品の売買契約を解除できます。ただ、個別信用購入あっせん契約は売買契約とは別の契約であるため、売買契約における商品の欠陥を消費者が個別信用購入あっせん業者に主張して、代金相当額の支払いを拒絶することは不可能とも考えられます。

　しかし、割賦販売法では抗弁の接続を認めて、商品などを販売した事業者に対して主張できる抗弁がある場合には、その抗弁を個別信用購入あっせん業者、包括信用購入あっせん業者（包括クレジット業者）、ローン提携販売における金融機関等に対しても主張できると規定しています。事業者に対して代金支払いを拒絶できる事由（抗弁）があるにもかかわらず、第三者である個別信用購入あっせん業者などに対し

● 抗弁の接続（個別信用購入あっせんの場合）‥‥‥‥‥‥‥‥

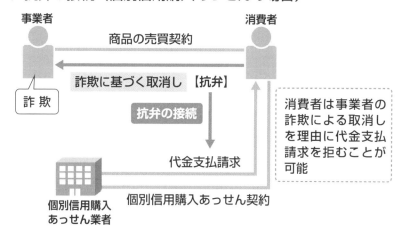

事業者　　　　　　　　　　　消費者

商品の売買契約

詐欺に基づく取消し【抗弁】

詐 欺

抗弁の接続

代金支払請求

個別信用購入
あっせん業者

個別信用購入あっせん契約

消費者は事業者の詐欺による取消しを理由に代金支払請求を拒むことが可能

て代金相当額の支払いを拒絶できないとなると、消費者の不利益が大きいためです。

抗弁事由について

　抗弁事由は事業者に対して消費者が主張することができる事柄を指します。たとえば、商品に欠陥があり契約内容に適合しない場合、事業者が詐欺をした場合、消費者が錯誤により契約をした場合など、民法に基づく取消し・無効・解除の事由が挙げられます。その他、消費者契約法に基づく消費者取消権や、消費者がクーリング・オフを事業者に主張できる場合も抗弁事由にあたります。

どのように行使するのか

　消費者が抗弁の接続を行使する方法として、個別信用購入あっせん業者が代金相当額の支払いを請求した場合に、事業者への抗弁事由を主張して支払いを拒絶する方法や、反対に消費者の側から事業者への抗弁事由を理由に、代金相当額を支払わないと個別信用購入あっせん業者に対して主張することが考えられます。

割賦販売法と特定商取引法の関係

　割賦販売法は、個別クレジット契約が、特定商取引法が規定する5つの取引形態（訪問販売、電話勧誘販売、連鎖販売取引、特定継続的役務提供、業務提供誘引販売取引）における決済手段として利用される場合について、①クーリング・オフ制度、②過量販売解除権、③不実告知や不利益事実の不告知による取消権など、特定商取引法と同様の規制を設けています。

　消費者は割賦販売法の規制と特定商取引法の規制という二重の規制により保護されていることになります。とくに割賦販売法は、消費者が個別クレジット業者にクーリング・オフの通知をした場合、個別クレジット業者から事業者にクーリング・オフがあったことを通知することを義務づけており、消費者保護に手厚くなっています。

　なお、包括クレジットを利用した場合には、前述の5つの取引形態について割賦販売法によるクーリング・オフが利用できないため、特定商取引法上のクーリング・オフ制度を利用します。この場合、包括クレジット業者にもクーリング・オフを主張できなければ消費者の権利保護に欠けることになりますが、ここで割賦販売法が規定する抗弁の接続（支払い停止の抗弁）が重要になります。たとえば、商品の売買契約をクーリング・オフにより解除した場合、消費者は、個別クレジット業者や包括クレジット業者に対しても商品の売買契約の解除を主張し、代金相当額の分割払いの請求を拒むことができるわけです。

　このように、割賦販売法と特定商取引法は、とくにクレジットが利用される場面で、相互に重なり合い、または補完し合いながら、消費者の権利を保護しています。

第5章

その他の法律問題と
トラブル解決の手段

1 クーリング・オフ

クーリング・オフとは

クーリング・オフとは、法律が規定する一定期間内であれば、消費者が、事業者との間の契約について、理由なく、無条件で、契約の解除（もしくは契約の申込みの撤回）ができる権利です。

クーリング・オフを認める目的として、消費者に熟慮期間を与えることが挙げられます。消費者は、必ずしも慎重な判断に基づいて契約を行っていない場合があります。たとえば、事業者が不意打ち的に消費者の自宅を訪れ、契約の是非について判断するのに十分な時間を持たないまま、消費者が契約をしてしまった場合などが考えられます。そこで、消費者に対して、自ら行った契約について冷静に検討し直すための時間を与えることにより、不要な契約からの離脱を容易に認める制度として、クーリング・オフが重要な役割を果たしています。

さらに、クーリング・オフは、事業者が消費者に対して不適切な勧誘行為をするのを抑制する効果が期待されています。契約の解除をする場合には、原則として、債務不履行などの理由が存在していなければならないところ、クーリング・オフは、通常の契約の解除とは異なり、これを消費者が行使する際に理由や条件が不要だからです。事業者としては、消費者に契約を無理強いするような勧誘行為を行うと、クーリング・オフを行使される可能性が高くなるため、不適切な勧誘行為を自重するようになることが期待されます。

クーリング・オフの効果は、消費者が、クーリング・オフを行使することを示した書面を、事業者に対して発送した時点で発生します（発信主義）。これは通常の契約の解除の効果が、解除の意思表示が事業者に到達した時点で発生する（到達主義）ことの例外です。

● さまざまな法律で定められているクーリング・オフ ………

法律の名称	クーリング・オフ 行使期間	適用対象となる取引
特定商取引法	8日間	訪問販売・電話勧誘販売 など
	20日間	連鎖販売取引・業務提供誘引販売取引 など
割賦販売法	8日間あるいは 20日間	特定商取引法が規定する一定の取引における個別クレジット契約
宅地建物取引業法	8日間	宅地建物取引業者が売主として行う店舗外での宅地・建物の売買
金融商品取引法	10日間	投資顧問契約
特定商品預託法	14日間	3か月以上の預託取引
ゴルフ場会員適正化法	8日間	50万円以上のゴルフ会員権の新規販売契約
保険業法	8日間	保険期間が1年を超える保険契約

■ クーリング・オフは法律に基づいて行使する

　クーリング・オフができる取引や行使期間などの要件は、個別の法律で規定されています。したがって、クーリング・オフを行使する際には、これを認める法律の規定に基づくことになります。たとえば、特定商取引法では、通信販売を除いた特定商取引にあたる契約を締結した（あるいは契約の申込みをした）消費者に対して、クーリング・オフの行使を認めています。その他にも、宅地建物取引業法では、売主である宅地建物取引業者から店舗外で宅地建物を購入した消費者に対して、クーリング・オフの行使を認めています。

　そして、クーリング・オフには、これを行使することができる期間（行使期間）が設定されています。行使期間は、契約に関する書面を消費者が受領した日から起算して8日間が多いといえますが、連鎖販売取引などのように20日間の行使期間が設定されていることもあります。

2 クーリング・オフと通知書面

■ ハガキや内容証明郵便によるクーリング・オフ

特定商取引法をはじめとする諸法律では、クーリング・オフに関して「書面」による行使を要求しています。クーリング・オフを書面で行使することを必要としているのは、消費者がクーリング・オフをしたことや、クーリング・オフをした日付などについて、後から事業者との間でトラブルになることを防ぐのが目的です。

法律では「書面」とのみ規定していますので、クーリング・オフの具体的な行使方法については、書面による他は制限がありません。たとえば、クーリング・オフを行使することを記載した書面を消費者が直接持参してきても、事業者は書面を受け取らなければなりません。もっとも、クーリング・オフを行使することを記載した書面は郵送するのが通常です。その際、消費者が書面の写しを手元に保存し、簡易書留あるいは特定記録郵便を利用して書面を送付するのが確実とされています。事業者は、行使期間内に書面でクーリング・オフの行使を受けると、後からクーリング・オフについて争うことができなくなります。

■ クーリング・オフに関する事項の通知書面の書き方

事業者は、消費者に対して、クーリング・オフに関する事項を通知する義務を負います。たとえば、特定商取引法が規定する訪問販売では、消費者に交付する申込書面あるいは契約書面に、他の記載事項とともに、クーリング・オフに関する事項を、赤枠で囲った上で、赤字で見やすい大きさの字（JIS規定の8ポイント以上）で記載しなければなりません（次ページ図）。

● クーリング・オフができることを記載した書面の例 ………

クーリング・オフのお知らせ（訪問販売のケース）

・お客さまが本書面を受領した日から起算して8日を経過するまでは、解除書面により無条件で契約の解除（クーリング・オフ）を行うことができます。
・上記期間にかかわらず、当社が契約の解除を妨げる目的で、不実のことを告げる行為をしたことにより、お客さまが誤認をし、あるいは当社が契約の解除を妨げる目的で威迫したことによりお客さまが困惑したことにより、お客さまが契約の解除を行わなかった場合には、当社が契約の解除を行うことができるという内容の別途書面を交付し、お客さまが書面を受領した日から起算して8日を経過するまでは、お客さまは、解除書面により無条件で契約 の解除を行うことができます。
・契約の解除は、お客さまが、解除書面を発した時に、その効力を生じます。
・契約の解除があった場合においては、当社は、契約の解除に伴う損害賠償や違約金の支払いを請求しません。
・解除書面については、下記の記入例を参照の上、ハガキ（書留あるいは簡易書留によることをお勧めいたします）などにより当社宛に郵送等をお願いいたします。

クーリング・オフはがきの記入例

クーリング・オフの行使期間が経過した場合はどうなる

　クーリング・オフは、前述したように行使期間が規定されています。行使期間を経過すると、事業者は、消費者からクーリング・オフを行使される可能性がなくなります。しかし、消費者が通常の契約の解除や、契約の無効・取消しを主張する可能性は残ります。

　なお、クーリング・オフの行使期間の経過について、事業者の妨害行為などが認められた場合には、行使期間経過後でも、消費者によるクーリング・オフの行使が可能になる点に注意が必要です。

景品表示法

景品表示法とは

景品表示法は、正式名称を「不当景品類及び不当表示防止法」とする法律です。もともとは、公正な競争を確保して一般消費者の利益を保護するために、独占禁止法の特例を定めた法律でした。その後、景品表示法の所管が公正取引委員会から消費者庁へと移ったことに伴い、独占禁止法の特例としてではなく、一般消費者を保護するために、一般消費者による自主的・合理的な選択を阻害するおそれのある行為を制限・禁止する法律に変わりました。

具体的には、過度な景品類（⇨ P.184）を提供して商品などを販売することや、品質や価格などについて消費者を誤認させるような不当表示（⇨ P.186）を行うことによって、消費者の自主的・合理的な選択を阻害する行為を禁止しています。

どのような規定が設けられているのか

景品表示法の中心となる規定は、景品類の制限・禁止に関する規定と不当表示の禁止に関する規定です。その他にも、事業者が講じるべき措置や公正競争規約に関しても規定が置かれています。景品表示法による規制の内容については、後述しますので、以下では、事業者の講じるべき措置と公正競争規約に関する規定を取り上げます。

① **事業者が講じるべき景品類の提供・表示の管理上の措置**

景品表示法は、消費者を保護するため、一般消費者に対して直接的に保護を与える規定の他に、間接的に事業者のコンプライアンス意識を向上させるための規定を設けています。

たとえば、事業者は、その役員や従業員に対して、景品類の提供や

● 景品表示法の全体像

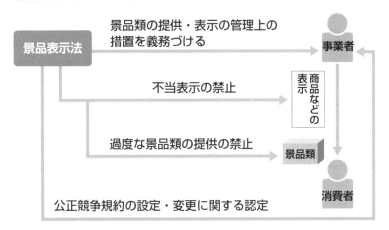

一般消費者への表示に関する考え方の周知・啓発を行うようにしておくことに加えて、これらを管理する担当者などを決定しておく必要があります。過度な景品類の提供や不当表示が行われていると判明した場合には、迅速に修正・取下げなどの対応をとることができる体制を整えておく必要もあります。

② 公正競争規約

事業者は、消費者の自主的・合理的な選択を保護するとともに、事業間の公正な競争を実現するため、公正競争規約を締結することができます。公正競争規約とは、公正取引委員会や消費者庁長官の承認を得て、おもに事業者が作成する商品に関する広告の記載事項や、景品に関する制限などを定めたルールです。公正競争規約は事業者が主体になって作成することになるため、消費者が不当表示から保護を受けられる保証があるわけではありませんが、事業者の積極的なコンプライアンス意識を向上させる取組みの一環として重要です。そのため、新たに公正競争規約を設定したり、その内容を変更したりする場合には、内閣総理大臣と公正取引委員会の認定を受ける必要があります。

4 景品類

景品類とは

　景品表示法が規制対象とする景品類とは、事業者が、顧客を誘引する手段として、自らが供給する商品や役務（サービス）の取引に付随して、消費者に対して提供する物品や金銭などの経済的利益を指します。ただし、正常な商慣習に照らして、値引きやアフターサービスと認められる経済上の利益であるか、取引に関する商品や役務に付属すると認められる経済上の利益であるものは、それらが顧客を誘引する手段であるとしても景品類には含みません。

　景品類に関して景品表示法が規制を置いているのは、景品類が本来の商品や役務に比べて過大である場合、消費者は、本来の商品や役務について慎重に判断することなく、とりわけ低品質な商品や役務に関する契約を締結してしまうおそれがあるからです。このような事業者の不正な行為から消費者を保護し、消費者が商品や役務に関して、自主的・合理的に契約を締結するべきか否かを選択できる環境を確保する目的があります。

規制内容について

　景品表示法では、内閣総理大臣は、事業者の景品類を用いた誘引行為が消費者の自主的・合理的な選択を阻害していると判断した場合に、景品類の最高額、総額、種類、提供方法などを制限することができると規定しています。事業者の行為の程度によっては、景品類の提供を禁止することも可能です。

　景品表示法が景品類として規制対象に含めている物品や金銭などの詳細は、次ページの図のとおりです。そして、景品類として提供され

● 景品表示法が規定する「景品類」……………………………………

事業者が、消費者を誘引するための手段として、方法を問わずに、自己の提供する商品や役務に付随して提供する物品や金銭などの経済的利益	物品、土地、建物その他の工作物
	金銭、金券、預金証書、当選金附証票、公社債、株券、商品券など
	映画、演劇、スポーツ、旅行その他の催物などへの招待・優待など
	便益、労務その他のサービス

る物品や金銭などの最高額や総額に関して、以下の分類に基づいた制限が設けられています。

① 懸賞の方法により提供される景品類

懸賞とは、商品・役務の利用者に対し、くじなどの偶然性、特定行為の優劣などによって景品類を提供することです。懸賞によって提供される景品類の最高額は、取引価額の20倍かつ10万円を超えることができません。あわせて景品類の総額が、懸賞に関する売上予想総額の2％を超えることもできません。

ただし、商店街で行われる懸賞など、複数の事業者が参加して行う懸賞（共同懸賞）については、景品類の最高額が30万円を超えることができず、景品類の総額が懸賞に関する売上予定総額の3％を超えることができない、という形で緩和されています。

② 懸賞によらない方法で提供される景品類

懸賞によらず、購入あるいは来店した消費者にもれなく提供される景品類（総付景品）については、取引価額が1,000円以上の場合は、景品類の最高額が取引価額の2割になります。たとえば、1万円の商品の売買契約で、事業者が景品類として提供できる物品の最高額は「10,000 × 0.2 ＝ 2,000円」です。これに対して、取引価額が1,000円未満の場合は、一律200円が景品類の最高額になります。

5 不当表示

不当表示とは

　景品表示法では、①優良誤認表示、②有利誤認表示、③その他の誤認表示（③は次ページ図参照）の３つに不当表示を分類しています。

① 優良誤認表示

　事業者が、自己の商品や役務（サービス）の品質や規格その他の内容について、実際のものに比べて著しく優良であると一般消費者に誤認させるおそれのある表示や、同種もしくは類似の商品や役務を供給する事業者（競争事業者）よりも著しく優良であると一般消費者に誤認させるおそれのある表示を行うことが、優良誤認表示に該当します。

　優良誤認表示は、景品表示法によって禁止されるとともに、不実証広告規制が設けられているため注意が必要です。不実証広告規制とは、事業者が、内閣総理大臣（消費者庁長官）が定めた一定の期間内に表示の合理的な根拠を提出できない場合は、その表示が不当表示とみなされるとする規制をいいます。

② 有利誤認表示

　事業者が、自己の商品価格や取引条件について、実際のものよりも著しく有利であると一般消費者に誤認させるおそれのある表示や、競争事業者よりも著しく有利であると一般消費者を誤認させるおそれのある表示を行うことが、有利誤認表示に該当します。

　優良誤認表示・有利誤認表示について、景品表示法の規制対象に含まれるのは、一般消費者が「著しく」優良・有利であると誤認するような場合です。したがって、一般消費者が、「誤認に陥らなければそれに誘引されて商品や役務に関する契約をしなかったであろう」と認められる程度の誇大な表示であったことが必要です。

● その他の誤認表示（内閣総理大臣が指定する表示）…………

無果汁の清涼飲料水等についての表示	原材料に果汁などが全く使用されていないことが明瞭に記載されていない表示を不当表示とする
商品の原産国に関する不当な表示	原産国の判別が困難と認められる表示を不当表示とする
消費者信用の融資費用に関する不当な表示	実質年率が明瞭に記載されていない場合を不当表示とする
不動産のおとり広告に関する表示	取引ができない不動産についての表示を不当表示とする
おとり広告に関する表示	実際は購入できないのに購入できるかのような表示を不当表示とする
有料老人ホームに関する不当な表示	制約事項が明瞭に記載されていない場合などを不当表示とする

▌不当表示の対象

　景品表示法の規制の対象に含まれる「表示」とは、消費者を取引に誘引する手段として、事業者が自己の供給する商品や役務の価格、取引条件その他の事項について行う広告などのうち、内閣総理大臣（消費者庁長官）が指定するものです。

　景品表示法の規制対象となるのは、「自己の供給する」商品や役務に関する表示です。したがって、他の事業者が販売する商品や役務について、不当表示にあたる広告などをした事業者に対しては、景品表示法の規制が適用されません。

　なお、インターネット上で他人の商品や役務を推奨する記事を掲載する場合（アフィリエイト）については、他人の商品や役務に関する広告を掲載しているため、景品表示法の規制対象外であるとするのが基本です。しかし、商品や役務を供給する事業者との提携関係が認められ、その関係に基づいてアフィリエイトを行っているときは、景品表示法の適用対象になる場合があります。

6 消費者庁長官による措置命令

措置命令とは

　措置命令とは、景品表示法に違反した事業者に対して発令される措置のことです。景品表示法では、措置命令を発令するのは内閣総理大臣と規定されていますが、実際には景品表示法に基づく権限の行使を委託されている消費者庁長官が発令しています。措置命令は、違反行為が行われている状況で発令することも、違反行為がすでに行われなくなった状況で事後的に発令することも可能です。

　措置命令の内容は、違反行為の差止めや違反行為の再発防止措置などです。たとえば、違反行為の差止めとして、事業者に違反行為を取りやめるように命じる（不作為命令）ことや、違反行為の再発防止措置として、内部規程の改定や役員などに対する研修・教育を行うことが挙げられます。そして、差止めや再発防措置に関する事項について、事業者に対して、新聞やテレビなどの広告によって公表（公示）させることも、措置命令の内容に含まれます。

　措置命令に違反した場合は、罰則が科されることがあります。たとえば、事業者が法人の場合、その法人の代表者など違反行為者に対しては、2年以下の懲役あるいは300万円以下の罰金が科されます（懲役と罰金が同時に科されることもあります）。さらに違反行為者が所属する法人に対しても、3億円以下の罰金が科されます。

　措置命令がなされるまでの大まかな流れは、次ページ図のとおりです。事業者が景品表示法への違反行為をしている疑いがある場合には、消費者庁長官は、事業者に関連資料を提出させ、関係者から事情を聴取するなどして調査を実施します。調査の結果、景品表示法違反の事実が確認された場合に、措置命令がなされます。

● 措置命令

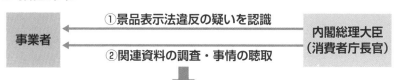

違反事実が確認された場合

【措置命令】

①違反行為の差止めの命令（違反行為の取りやめを命じるなど）

②違反行為の再発防止措置の命令（内部規程の改定や役員などの教育・研修を命じるなど）

③差止めや再発防止措置についての公表（公示）の命令

都道府県知事による措置命令とは

措置命令は、原則として内閣総理大臣（消費者庁長官）が行いますが、都道府県知事が措置命令を行うことも可能です。都道府県も景品表示法を運用する主体として認められており、違反事実については、消費者庁などとの連携が求められています。都道府県知事が措置命令をする場合も、それに先立って違反行為の事実についての調査が行われれます。

その他の違反行為に対する制裁

措置命令以外にも、不当表示をした事業者に対する制裁として、課徴金納付命令の制度が設けられています。具体的には、内閣総理大臣（消費者庁長官）が、不当表示のうち優良誤認表示もしくは有利誤認表示を行った事業者に対して、課徴金納付命令をすることができます。なお、過大な景品類の提供は課徴金納付命令の対象となっておらず、都道府県知事が課徴金納付命令をすることはできません。

Q リコールはどんな場合にする必要があるのでしょうか。判断基準や実施の際の段取りについて教えてください。

A 消費者に被害が生じる可能性がある製品などが流通している場合に、事業者が、その製品の回収などを行います。

リコールとは、消費者に被害が生じる可能性がある製品などが流通している場合に、事業者が、その情報を公表し、製品の回収などを行うことです。危険な製品などが流通することにより、消費者に被害が生じるおそれがある場合、あるいは、すでに被害者が発生した場合の対応策について時系列的に示すと、①被害の未然防止、②被害の拡大防止、③事後的な救済に分類することができます。

リコールは、このうち②被害の拡大防止の段階の対応だということができます。製造物責任法は、おもに発生した被害に対する金銭による救済を目的としているのに対して、リコールは、消費者に対する被害の未然防止あるいは拡大防止に重点が置かれています。

リコールに関しては、消費者基本法11条が、消費者の安全を確保するために、国に対して、安全を害するおそれがある商品の事業者による回収の促進や、安全を害するおそれがある商品などに関する情報の収集・提供を義務づけています。たとえば、道路運送車両法、食品衛生法、医薬医療機器等法、電気用品安全法、消費生活用製品安全法などに基づき、国が事業者に対して、危険な製品などに関する情報の提供や、製品の回収など危険を防止するための措置を命じることができます。経済産業省が公表する「消費生活用製品のリコールハンドブック2019」によると、事業者がリコールを実施するか否かを判断する基準として、消費者に生じる被害の質・重大性、事故の性格、製

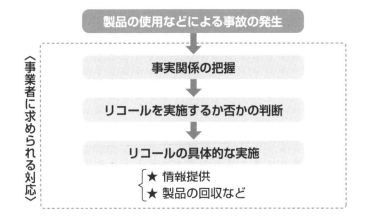

リコールの実施

製品の使用などによる事故の発生

《事業者に求められる対応》

事実関係の把握

↓

リコールを実施するか否かの判断

↓

リコールの具体的な実施

★ 情報提供
★ 製品の回収など

品の危険性と事故との間の原因・結果の関係（因果関係）の有無を考慮することを示しています。

・被害の質・重大性

　事業者は、製品の使用などにより、死亡事故などが生じるおそれがある場合には、すみやかにリコールの実施を決定する必要があります。

・事故の性格

　事業者は、同一製品による繰り返しの事故が発生する可能性があるなどの場合には、被害の拡大防止のために、リコールの実施を決定する必要があります。

・製品の危険性と事故との間の原因・結果の関係（因果関係）の有無

　事故の原因が、製品の欠陥に基づくものなのか、消費者の誤使用などに基づくものなのかを判断し、事業者は、必要に応じて製品の正しい使用方法などの情報提供を行う必要があります。

　製品などによる事故が発生し、リコールを行う必要があると判断した場合には、事業者は、被害の拡大防止のため、すみやかな対応が求められます。

事業者必携！
特定商取引法と消費者取引の法律知識

2020 年 5 月 5 日　第 1 刷発行

編　者　デイリー法学選書編修委員会
発行者　株式会社　三省堂　代表者　北口克彦
印刷者　三省堂印刷株式会社
発行所　株式会社　三省堂
　　　　〒 101-8371　東京都千代田区神田三崎町二丁目 22 番 14 号
　　　　電話　編集 (03) 3230-9411　　営業 (03) 3230-9412
　　　　https://www.sanseido.co.jp/
〈DHS 特定商取引法・192pp.〉

ISBN978-4-385-32523-1